1939 年，伯纳德 · 米艾尔从德译本转译的《金瓶梅》节译本

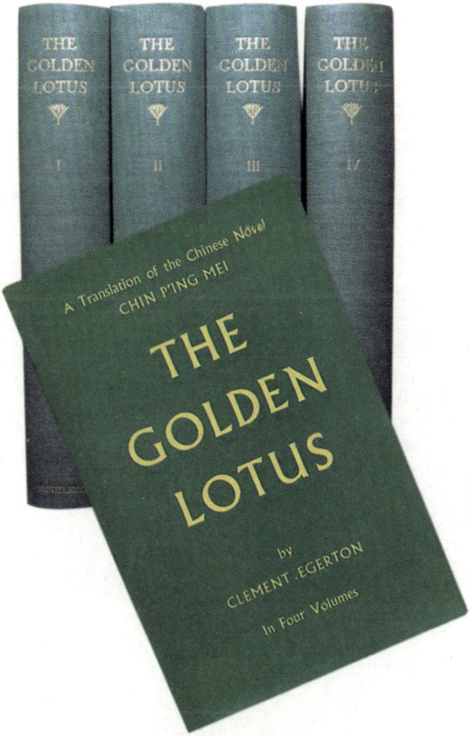

1972 年前，色情内容被处理成拉丁文的《金莲》版本

386 THE GOLDEN LOTUS

"Now, you abandoned little creature," he cried, "I'll attend to you." He took out the plum, and gave it her to eat. Then, sitting on the pillow, he took from a pocket in his gown a case of love instruments. First he put on the clasp, and tied a sulphur ring about the root of evil. Desilire nolens tam diu circa introitum ludebat ut mulier furibunda clamaret "Cor meum, mel meum, aut vir es celeriter aut e mente excedam. I see what it is. You are angry with me because of the Lady of the Vase. That is why you tease me like this. But now I have found how cunning you can be, I will never make you angry again."

"Ah," cried Hsi-mên, laughing, "so you have learned your lesson. Well, speak nicely to me."

Uno ictu ad medullas pervenire videbatur. Tum se detraxit, et in sinu quaerens pulvisculum invenit qui vocatur thalami voluptas et fascinum redolens, et in ore ranae posuit. Rursus oppugnabat et statim bellator altus et superbus apparuit, igneo ardore plenus, dum Hsi-mên pugnam miratur. In tegete mulier iacebat oculis semi-clausis murmurans "O deliciae meae barbate! Nescis quod in me intuleris. In furorem me iste egit. Parce mihi, precor." Sic inverecunde loquebatur, sed Hsi-mên sine mora totis viribus oppugnabat, manibus in tegete positis, nunc vellens nunc fodiens, ad imum centies decurrens antequam rursus se detraxerit. Mulier mappa vulnera detergebat; sed frustra; teges aperte pugnam indicavit, et bellator rugosus adhuc et ferox desistere noluit. "Est tempus," clamat Hsi-mên, "monachus tympanum pulsabit." Subito ictu ad imam arcem pervenit; nam intra portam femineam arx, stamini floreo similis, iacet, quam si attigerit victor mira voluptate afficitur. Mulier dolorem sentit et se retrahit; sed intra corpus crepuit anulus sulfureus et diruptus est.

She closed her eyes and her breath came faintly; only a faint murmur issued from her lips, the tip of her tongue became icy cold, and her body fell back apparently lifeless upon the mat.

Hsi-mên Ch'ing was alarmed. He hastily untied the ribbons, and removed the sulphur ring. It was broken into two pieces. Then he helped the woman to sit up, and at last her starry eyes began to gleam again, and she showed signs of life once more. In a caressing voice she said, "Darling, why did you treat me so cruelly to-day? You nearly killed me. You mustn't do this

1972 年之前的《金莲》书页，英文中夹杂着拉丁文（见第 1 段 5–7 行和第 3 段）

1972 年，首次将初版本中的色情段落从拉丁文回译成英文的《金莲》版本

2008 年，人民文学出版社出版的“大中华文库”《（汉英对照）金瓶梅》，英文选用了克莱门特·埃杰顿的译文

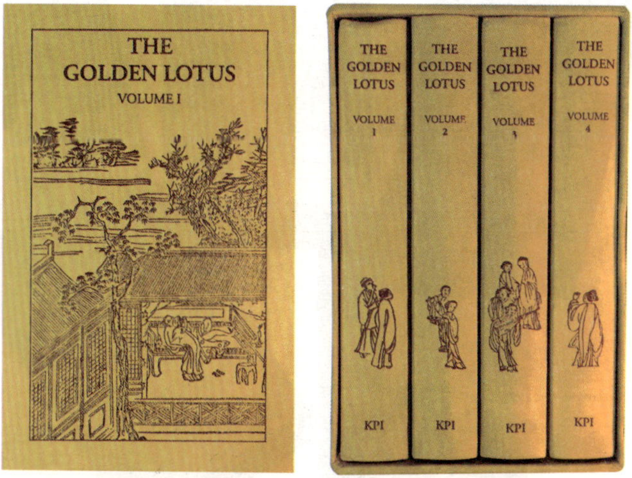

最新的《金莲》版本，内容文字同 1972 年的版本

图书在版编目（CIP）数据

克莱门特的《金瓶梅》翻译 / 周绚隆著. －上海：东方出版中心, 2022.3
ISBN 978-7-5473-1975-8

Ⅰ. ①克… Ⅱ. ①周… Ⅲ. ①《金瓶梅》-英语-文学翻译-研究-中国 Ⅳ. ①H315.9 ②I207.419

中国版本图书馆CIP数据核字（2022）第047997号

克莱门特的《金瓶梅》翻译

著　　者　周绚隆
责任编辑　陈明晓　时方圆
封面设计　钟　颖

出版发行　东方出版中心
地　　址　上海市仙霞路345号
邮政编码　200336
电　　话　021-62417400
印 刷 者　山东韵杰文化科技有限公司

开　　本　890mm × 1240mm　1/32
印　　张　8.625
插　　页　2
字　　数　183千字
版　　次　2022年3月第1版
印　　次　2022年3月第1次印刷
定　　价　68.00元

前　言

大概2006年前后，我在人民文学出版社古典部工作时，受命编辑“大中华文库”的《（汉英对照）金瓶梅》，第一次接触到了《金瓶梅》的英译本。当时芮效卫翻译的《金瓶梅词话》尚未出齐，伯纳德·米艾尔的译本只是从德文转译的节本，唯独克莱门特·埃杰顿据崇祯本翻译的《金莲》比较完整，在英语世界流传也最广，因此很自然地就被选作了英语的对照文本。

在具体编辑过程中，我既对译者的传神能力心存敬佩，又对译文中不时出现的细节错误感到意外和不解。“大中华文库”的出版有时间要求，除了个别不得不改的明显错误，我来不及对译文做仔细推敲，只随手记了些有趣的例子。此书出版后，我一直想对克莱门特的翻译问题做系统研究，但总没有时间。过去的十几年中，凡有涉及《金瓶梅》的英文材料，我都加意留心，对新出的英文版本，也努力搜求。芮效卫的译本出齐后，我拿它和克莱门特的做过比对，感到在准确性上它虽然更胜一筹，但就可读性而言，则未必能完全取代后者。这更激发了我深入探究克莱门特译本的兴趣。

2020年春节期间，由于新冠病毒肆虐，大家一度被困在家中，我决定趁此机会了却这桩心事。此时距上次通读它已过了十二年，原来的印象多已模糊，为准确掌握这个译本，我对照原著将译文认真核校了一遍。这段时间因没外部干扰，工作效率颇高，全书校完只用了一个月，还写了八万多字的校读笔记。接下来国内疫情得到有效控制，单位开始复工，我又全力投入到紧张的生产自救中，原来进行了一半的工作，只能暂时搁置下来。到了年底，才腾出手来，围绕该书的翻译背景和译文中的问题，写了两篇宏观分析的文章，再将校读笔记重新分类整理，结为一集，交付出版。

在围绕这项工作准备资料的过程中，国家图书馆研究员李晶博士给了我很大的帮助。李晶博士长期从事《红楼梦》翻译研究，成果颇丰。她不但送了我芮效卫和伯纳德·米艾尔翻译的英文原书，还帮我纠正了个别翻译上的问题。上海交通大学的王金波教授，一直在研究中国文学经典的海外传播，对相关资料非常熟悉，给我提供了一些有用的信息。齐林涛研究克莱门特译本中拉丁文使用情况的那篇文章（*Agents of Latin*：*An archival research on Clement Egerton's English translation of Jin Ping Mei*），就是他向我推荐的，否则我根本不会注意到这篇重要论文。另外，针对克莱门特翻译中的一些问题，我曾多次向人民文学出版社的英文编辑翟灿女士和马博先生请教，试图找出更佳的表述方式，他们总是不厌其烦地耐心回答我的问题。在此，谨向这些热心的朋友们表示感谢。

东方出版中心总编辑郑纳新先生，顶着巨大的经营压力，愿意出版这本不可能产生经济效益的小书，尤其让我感动。责任编辑陈明晓和时方圆认真审阅了书稿，帮我纠正了一些笔误，也提了一些中肯的修改意见。希望这本小册子能不辜负大家的好意，得到同行读者的认可。

本人非英文科班出身，书中的错误定难避免，期望高明的读者不吝赐教。

周绚隆

2021 年 1 月 10 日

目　录

凡　例

一、在英语世界，《金瓶梅》有三个译本，分别是：

1. 伯纳德·米艾尔（Bernard Miall）从弗兰兹·库恩（Franz Kuhn）的德译本转译的节译本，名《金瓶梅：西门庆和他六个妻子的历险史》（*Chin P'ing Mei: The adventurous history of Hsi Mên and his six wives*），全一册，由宝德利·海德出版社（The Bodley Head）1939 年初版。

2. 克莱门特·埃杰顿（Clement Egerton）以崇祯本为底本，从中文翻译的全译本，名《金莲》（*The Golden Lotus*），分四册，由伦敦的劳特里奇与基干·帕维尔出版社（Routledge & Kegan Paul）1939 年初版。

3. 芮效卫（David Tod Roy）以《金瓶梅词话》为底本，从中文翻译的全译本，分五册，名《金瓶梅》（*The Plum in the Golden Vase or, CHIN P'ING MEI*）由普林斯顿大学出版社（Princeton University Press）分别于 1993、2001、2006、2011、2013 年依次出版。

本书主要讨论《金莲》的翻译问题。

二、克莱门特·埃杰顿翻译的《金莲》，最流行的是基干·帕维尔国际公司（Kegan Paul International）和塔特尔出版社（Tuttle Publishing）出的两个版本。塔特尔版初版于2011年，两者的最大区别：一是前者里面的人名用威妥玛拼音半译半拼，后者统一用汉语拼音拼写；二是后者对前者的明显错误有所修订，尽管并不彻底。2008年，人民文学出版社以劳特里奇出版社1972年的修订本为底本，出版了"大中华文库"本《（汉英对照）金瓶梅》。为便于中国大陆读者核查参考，本书所有引文均以该版本为据标注了中、英文页码。

三、人民文学出版社在出版《（汉英对照）金瓶梅》时，为了便于两种文字对照，特意对英文段落做了必要的合并，并对个别明显的错误做了修改。本书为讨论原译本的问题，对这次修改的地方，举例时特标注了基干·帕维尔国际出版公司（简称KPI）原版本的页码[1]。

四、由于克莱门特·埃杰顿没有中文标点本可参考，在翻译时经常把对话改成叙述性文字，考虑到这类问题比较普遍，只要没有明显的理解错误，本书原则上不将其单独列出讨论。

1　由于出版社股权变更，《金莲》最后的出版方为基干·帕维尔国际出版公司（Kegan Paul International）。

《金莲》的翻译、出版与修订传播

1939 年，英语世界同时出版了两部《金瓶梅》译本，一是克莱门特·埃杰顿（Clement Egerton）从中文翻译的全译本，一是伯纳德·米艾尔（Bernard Miall）从弗兰兹·库恩（Franz Kuhn，1884—1961）的德译本[1]转译的节译本。克莱门特的译本名《金莲》（*The Golden Lotus*），分四册，由伦敦的劳特里奇与基干·帕维尔出版社（Routledge & Kegan Paul）出版。伯纳德的译本名《金瓶梅：西门庆和他六个妻子的历险史》（*Chin P'ing Mei: The adventurous history of Hsi Mên and his six wives*），此书仅一册，由宝德利·海德出版社（The Bodley Head）出版。

1940 年 7 月，英国《皇家亚洲学会杂志》（*Journal of the Royal Asiatic Society*）发表了汉学家翟林奈（Lionel Giles，1875—1958）的书评，介绍了这两个译本。翟林奈对两部书都没全读，只挑一些段落抽查了一下翻译的质量。他说："比较这两个

1 *Kin Ping Meh: oder, Die abenteuerliche Geschichte von Hsi Men und seinen sechs Frauen*, Aus dem chinesischen übertragen von Franz Kuhn, Leipzig: Insel-Verlag, 1930.

译本，我们发现它们的差别很大。埃杰顿上校的目标是，在不省略麻烦的段落的前提下，译成流畅的英文，并且还想保留中文的神貌。他相当认真，虽然努力，但还是漏掉了原著中的不少东西，译文也不能说没有错误。另一本书准确性更差。当然，我们必须记住，它不是直译，所以对中文文本的巨大偏离，几乎是不可避免的。其中有很多意译和不必要的修饰，虽然经常会省略，但经过巧妙的设计，却丝毫不伤及故事线。”翟林奈对克莱门特的译文，评价明显高于伯纳德的。

由于《金莲》是英语世界里第一部从中文翻译的全译本，出版后一版再版，影响明显超过了《金瓶梅：西门庆和他六个妻子的历险史》，在美国汉学家芮效卫（David Tod Roy，1933—2016）的《金瓶梅词话》全译本（*The Plum in the Golden Vase*）出现前，它一直是最权威的英译本。

关于克莱门特的生平背景，我们现在知道得很少，主要的信息，都来自老舍的回忆。他在《我的几个房东》一文中回忆了自己在伦敦的生活，其中特别写到了克莱门特。严格地说，克莱门特并不算他的房东，他们是合租关系。老舍与他是在伦敦大学东方学院认识的，那时老舍在该校任中文讲师：“我在东方学院见了他，他到那里学华语：不知他怎么弄到手几镑钱。便出了这个主意。见到我，他说彼此交换知识，我多教他些中文，他教我些英文，岂不甚好？为学习的方便，顶好是住在一处，假若我出房钱，他就供给我饭食。我点了头。他便找了房。”他们租的房子在伦敦西部。

克莱门特的父亲是乡村牧师，他自己也当过牧师，但老舍说他并不信宗教。"当他很年轻的时候，他和一个女子由家中逃出来，在伦敦结了婚，生了三个小孩[1]。他有相当的聪明，好读书。专就文字方面上说，他会拉丁文，希腊文，德文，法文，程度都不坏。英文，他写得非常漂亮。他作过一两本讲教育的书，即使内容上不怎样，他的文字之美是公认的事实。"[2] 第一次世界大战时，克莱门特报名参军，做到了陆军上校。战后回到伦敦，在牛津的补习学校教书。因为与一个美国女子发生恋爱[3]，被妻子告发，因此丢了工作。老舍遇到他，正是他离婚再婚后最为狼狈的时候。

老舍和克莱门特夫妇在同一栋房子里住了三年，他也"一直闲了三年"，主要靠新婚的美国妻子挣钱养活前后两个家。三年租期一到，房东要加租，他们不得不分开，各人另找居所。

1　美国汉学家何谷理（Robert E. Hegel）在塔特尔出版社2011年新版《金莲》的序言里说，克莱门特与前妻有四个孩子。Robert Hegel：General Introduction，P15. *The Golden Lotus*，Tuttle Publishing，2011.

2　据安妮·维查德（Anne Witchard）《老舍在伦敦》介绍，克莱门特1909年出版了《教堂音乐手册》（*A Handbook of Church Music*），1914年出版了《教育的未来》（*The Future of Education*）。老舍所指的就是这两本。安妮还提到："在1930年代，他将出版他在葡属西非和法属喀麦隆的游记。"从我们能查找到的信息看，他此后出版的著作共有三部，也并不都在30年代。它们是：《非洲王权：法属喀麦隆班冈泰王宫避难录》（*African majesty：a record of refuge at the court of the king of Bangangte in the French Cameroons*，1939）、《萨拉查，葡萄牙的重建者》（*Salazar，rebuilder of Portugal*，1943）、《透视安哥拉：普属西非的努力与成就》（*Angola in perspective：endeavour and achievement in Portuguese West Africa*，1957）。

3　何谷理的序言里说，克莱门特1923年与第二任妻子凯斯琳·阿斯宾沃尔·郝芝（Katherine Aspinwall Hodge）结婚。凯斯琳是纽约人，生于1896年，曾任美国驻伦敦领事馆秘书。

在《我的几个房东》中，老舍回忆了他和克莱门特夫妇一起生活的一些细节，但对他们相互帮助学习外语的事儿，却只字未及。关于克莱门特翻译《金瓶梅》的情况，他仅在《中国现代小说》（*The Modern Chinese Novel*）中提了一句："明朝最出名的是《金瓶梅》，曾由英国人克利门·艾支顿译成英文，译名为《金莲》。"[1] 倒是克莱门特在该书的扉页和译者注中，对老舍表达了由衷的感谢，也透露了一些信息。在该书的扉页上，埃杰顿特意致谢说："献给我的朋友舒庆春。"（To C. C. SHU My Friend）在《译者声明》中，他说："要是没有舒庆春先生不懈而慷慨的帮助，我根本不敢承担这项任务，我翻译这部小说初稿时，他是东方学院的汉语讲师。我将永远感谢他。"[2]

老舍为什么不愿提这件事？《老舍在伦敦》的作者安妮·维查德（Anne Witchard）解释说："从老舍的角度说，他不可能承认自己在埃杰顿的翻译中所起的作用。因为在新中国，《金瓶梅》被视为十恶不赦的色情作品，是旧中国封建文化堕落的典型。"[3] 这个解释听起来多少有些勉强。

由于没有更多的材料支持，我们无法准确判断老舍在克莱门特的翻译工作中具体扮演了什么角色，但从常理推断，他发挥的

1 原文用英文写成，发表在纽约《学术建国丛刊》（*National Reconstruction Journal*, China Institute in America，1946 年 7 月）第七卷第一期。《老舍全集》第 17 册收有马小弥的译文。

2 Clement Egerton：Translator's Note，Pxi. *The Golden Lotus*，*Routledge & Kegan Paul*，1972.

3 Anne Witchard：*Lao She in London*，P73. 香港大学出版社 2012 年版。

作用应该不会小。克莱门特对他的感激之情应该是发自内心的。

美国汉学家何谷理在给塔特尔出版社2011年新版《金莲》写序时推断："很可能他的汉语老师舒庆春先翻译了个初稿，然后由埃杰顿花数年时间将其打磨成了现在的样子。"何谷理的理由是："鉴于《金瓶梅》研究中不同的观点纷繁复杂，当代文献浩如烟海，一个外国人仅学了几年汉语，几乎不可能翻译得了这部书，就算他是语言天才，也不太可能（埃杰顿据说能阅读拉丁语、希腊语、德语和法语）。"他接着说："埃杰顿抱怨这部小说用的是'电报式文体'，这很可能是因为老舍的英文欠佳所致，而非那位明代小说家自己的语言特点本就如此。"他援引翟林奈那篇书评里的例子，来支持自己的推测。翟林奈发现，克莱门特把第七十九回开篇词倒数第二句中的"竹篱"译成了"竹扇"。何谷理认为："'扇'（fans）与'篱'（fences）毫不相似，但初学英语的中国人很可能把这两个词的发音弄混了。"他进而认为，老舍之所以不肯承认自己曾参与过这部书的翻译，是因为他担心自己的译文错误较多，感到有些难为情。[1] 真相到底如何，我们无法判定。

不管怎么说，克莱门特能在较短的时间里将《金瓶梅》译成英文，的确是个奇迹。据他自己说，他大概是从1924开始翻译这本书的，翻译用了五年，对译稿打磨修订和处理校样则耗了近十年时间。[2] 关于翻译这本书的缘起，他在前言里是这么说的："第

---

1 Robert Hegel: General Introduction, P18. *The Golden Lotus*, Tuttle Publishing, 2011.

2 在1939年的出版前言里他说："从我开始翻译《金瓶梅》到现在，已经十五年了，到准备付印估计也快十年了。"

一次世界大战后，有段时间，我对心理学某现代流派的社会应用产生了兴趣。我觉得应该在我们之外的发达文明中，去研究它的应用情况。于是就开始学习汉语，并查找文献材料。这部小说是不能忽略的调查对象。……为了当初的目的，我选《金瓶梅》作为合用的小说，多少有些偶然。我在高第（Cordier）的《汉学文库》（*Bibliotheca Sinica*）中[1]，首次发现了它。……从这些观点看，《金瓶梅》显然是心理学和文化素材当之无愧的宝藏。于是就开始翻译它。”但是很快，他就被《金瓶梅》的艺术成就所吸引，心理学研究的兴趣则逐渐消退了。

关于此书翻译的具体过程，他略而未提，只就一些原则性问题做了点解释。他说：“我并没打算搞出个‘学术性的’译本，但要将原著简洁的单音节文字译成流畅的英文，还想保留汉语的神貌，并非易事。毫无疑问，如果删除一些相关的段落，可以回避有些困难，但我不愿这样做；即使偶尔有些段落在我看来有点沉闷，也绝不删减。我尽了最大的努力去处理它们。不过对其中的诗词来说，情况就不完全相同了。我想，没有人会断言这些诗词是中国诗歌的杰作，有些诗词如果译成英文，读来会莫名其妙。对它们，我自作主张地删去了很多。说到底，它们只是故事的程式化装饰，我对之没有良心上的不安。至于其馀部分，我要声明连校样都没看过。”对照原文来看，他的这个声明基本属实。在翻译过程中，他尽量做到了忠实于原文，但对原作中的诗、词、曲、

1　该书的法文副标题为“Dictiongnaire Bibliographique des Ouvrages Relatifs a L’empire Chinois”，即“中华帝国书目词典”。

韵文和对句，确实能删则删。克莱门特依据的崇祯本，总共有 100 首开篇诗或开篇词（其中诗 51 首，词 49 首），英文本只翻译了 47 首（诗 27 首，词 20 首）。篇尾诗 44 首（其中诗 43 首，词 1 首），英文本只翻译了 4 首诗。至于原作中大量的诗、词、曲、韵文和对句，则只翻译了极少的诗、词、曲和韵文，对句基本都省略了。

1939 年的初版本，有一个现象值得注意，就是书中大量的色情描写被处理成了拉丁文。克莱门特对此的解释是："他（作者）冷漠客观地讲述了在中国官场极度腐败的年代，一个特定家庭的暴发过程和后来的败落。他没有遗漏腐败的任何细节，不论是在公共生活还是私生活中。他显然认为这类细节对他的故事是必不可少的。如果他是个英语作家，就会完全回避一些内容，巧妙地避开风险，用模糊的语词把特殊的情节遮掩起来。但他不肯这样做，不许自己有任何保留。无论说什么，他都用最直白的语言。这当然常常让译者深觉难堪。我再次觉得，这部书如果一定要出，就必须出完整了。但它的内容又不能全都译成英语，读者大概会因时或能碰到大段的拉丁文而光火。我为此感到抱歉，却别无选择。"英语世界对文学作品中的色情描写，有个逐渐接受的过程。克莱门特当初之所以说该书有些内容不能全译成英文，是因为 1857 年颁布的《淫秽出版物法案》（*Obscene Publications Act*）在二十世纪初依然有效，该法案规定，凡淫秽出版物，作者、出版者、发行者和印刷者同罪。借助澳大利亚蒙那什大学（Monash University）齐林涛先生的研究，我们总算知道了该书出版过程中的一些细节。

齐林涛先生在英国雷丁大学（University of Reading），发现了劳特里奇与基干·帕维尔出版社当年的出版档案，其中就有关于《金莲》的材料。这批档案向世人证明，克莱门特当初把全书都译成了英文，初版本中的拉丁文是后来补译的，而且不是出自他本人之手。有意思的是，他在该书的前言里，只轻描淡写地表达了对书中有些段落不得不使用拉丁文的无奈。辅以老舍对他语言天分的赞赏，很容易让人误以为这些拉丁译文都是他的劳动成果。尤其令人奇怪的是，在书前的《译者声明》中，他感谢了很多人，除了老舍，还有给他答疑解惑的瓦尔特·西门（Walter Simon）博士、通读校样的 A. S. B. 格劳沃（A. S. B. Glover）、核校人名的 L. M. 彻夫德维尔（L. M. Chefdeville）、负责改错的赛瑟尔·弗兰克林（Cecil Franklin），唯独对拉丁文的译者只字未提。

其实，齐林涛从档案中发现，这些拉丁文（据统计共有 71 处）是一个名叫 F. A. 莱特（F. A. Wright）的拉丁文教授根据克莱门特的译文二次翻译的结果。委托莱特进行拉丁文翻译的是劳特里奇与基干·帕维尔出版社，而非克莱门特本人。为了规避法律风险，出版社和印刷厂都找人对译文中的色情内容进行了审查，负责通读校样的 A. S. B. 格劳沃，在审读报告中对之有详细记录。这些被挑拣出来的内容，都由 F. A. 莱特译成了拉丁文。二十世纪初的印刷技术还处在铅印时代，劳特里奇与基干·帕维尔出版社把排好的校样送给莱特，为了防止因倒版而增加排版成本，他们要求莱特在翻译时用等量的拉丁文字符替换原来的英文，这无疑给其翻译增加了难度。在严格的字符数限定下，面对这些被集中挑选出来的关于淫乱场面的描写，莱特想必感到很头大。他曾写信向出版社抱怨："我想这活儿得三个天才来干才行。等不到完工我都快讨厌死西门的鸡巴了。"[1] 莱特的郁闷还有一层原因，除了翻译，出版社还让他校对了一遍拉丁译文，他不得不二次忍受这种折磨。

克莱门特对莱特避而不提，多少有些耐人寻味。但把出版物中的色情内容翻译成拉丁文，却是西方世界长久以来的通行做法。这样既保证了作品文本的完整，又避免了不必要的法律风险。出版社对外可以宣称它是足本，但不懂拉丁文的读者，只能拿它当洁本来读。

另一个值得注意的现象是，克莱门特在翻译时对书中的人名采取了不同的处理办法。凡是男性角色的名字，基本都用威妥玛拼音方式进行了音译。比如"西门庆"译作"Hsi-mên Ch'ing"，"花子虛"译作"Hua Tzŭ-hsü"，"应伯爵"译作"Ying Po-chüeh"等，就连男性童仆的名字都用同样的方法处理。但对女性角色的名字，他却采取了意译和另拟新名两种不同的处理办法。对几个主要角色的名字，基本采取了意译。如"吴月娘"译作"Moon Lady"，"李娇儿"译作"Picture of Grace"，"孟玉楼"译作"Tower of Jade"，"孙雪娥"译作"Beauty of the Snow"，"潘金莲"译作"Golden Lotus"，"庞春梅"译作"Plum Blossom"等，都是根据汉语名字的意思进行的意译。但对另外一些较次要的角

1 转引自：Lintao Qi, Agents of Latin: An archival research on Clement Egerton's English translation of Jin Ping Mei. Target, Vol. 28, Iss. 1, 2016.

色，译者完全抛开其本名，另外给取了英文名。如“西门大姐”被译作“Orchid”（兰花），“宋惠莲”被译作“Wistaria”（紫藤），“王六儿”被译作“Porphyry”（斑岩），王六儿的女儿“韩爱姐”被译作“Wild Rose”（野玫瑰）等，包括那些青楼女子的名字，翻译时都很随心所欲。对此，何谷理的解释是：“在整个十九世纪和二十世纪上半叶，中国小说的英语翻译者，通常都用罗马字母拼男性角色的名字，却对所有女性角色的名字都加以翻译，目的是让对中国作品译本不熟的读者容易辨别。”克莱门特的这种处理方式，看来是当时通行的做法。为了防止出现混乱，他在前面还附了一份主要角色表，对每个人物都做了极简单的介绍。但不幸的是，错误还是没能避免。《金瓶梅》第二十四回的回目是“敬济元夜戏娇姿，惠祥怒詈来旺妇”，来旺的媳妇宋惠莲是这一回的主要描写对象。按照克莱门特的译法，宋惠莲在英文版中拟定的名字是 Wistaria。但该书第二册第 335 页第 7 行、第 336 页第 9 行，这两处把 Wistaria 错译成了 Orchid（西门大姐）。于是，“蕙莲抠起裙子来与玉楼看。看见他穿着两双红鞋在脚上，用纱绿线带儿扎着裤腿，一声儿也不言语”就被译成了“When Orchid pulled up her skirt，Tower of Jade saw that she was indeed wearing two pairs of red shoes，bound to her ankles by green laces. She said no more”。“那春梅、玉箫并蕙莲，都前边瞧了一遍，又到临街楼上，推开窗看了一遍”被译成了“Plum Blossom，Flute of Jade and Orchid went upstairs to look out over the street”。这样的疏忽，给读者造成的困惑应该不小——老实本分的西门大姐，突然间变得做张做致，实在令人有些费解。好在此类错误不算太多。

《金莲》于1939年出版后，曾在1953、1955、1957、1964年不断重印。1960年，企鹅出版社因出版《查特莱夫人的情人》而遭到起诉，理由是该书违反了新修订的《淫秽出版物法案》，但判决的结果却是出版社无罪，此事在当时引起了巨大的震动。此后，英国社会对文学作品中的涉性描写，逐渐变得宽容起来。到1972年，劳特里奇与基干·帕维尔出版社又把初版中的拉丁文段落全部改成了英文，至此，该书才成了真正意义上的"全"译本（被删的诗词可以忽略）。关于这次由拉丁文向英文的回译，出版社表述得很含糊，只在原来《译者声明》之后的空白处，加了一段《出版声明》，全文仅有几句话："这一版中，埃杰顿上校原来译本中出现的拉丁文段落，被译成了英文。我们要感谢J. M. 富兰克林（J. M. Franklin）为此提供的帮助。"这次由拉丁文向英文的回译，到底是谁实施的，声明中并没有交代，但富兰克林显非其人。从回译的情况来看，采取的也是用等量的英文字符替换拉丁文的办法，对原来的版面未做任何改动，出版社显然不想因此对该书重排重校，增加编校成本。这次回译也有一个遗漏——在第2册第213页倒数第2段——没处理干净，笔者2008年编"大中华文库"版《（汉英对照）金瓶梅》时首次发现了这个疏忽。合理的推测是，1972年这一版，出版社只是恢复了克莱门特原来的英文翻译，而废除了莱特此前费心费力翻译的拉丁文。2011年，塔特尔出版社又将这个译本中的人名，统一用汉语拼音重新音译了一遍，承担这次翻译任务的是鲁米亚娜·克拉科娃博士（Dr. Rumyana Cholakova）。据何谷理介绍，她在处理的过程中，还顺手改正了克莱门特对个别小人物姓名的张冠李戴。遗憾的是，我前面提到的对宋惠莲名字的两处误译，她只改正了第一处，后一处可能因为不太明显被忽略了。

据何谷理统计，截止到 2011 年，克莱门特翻译的《金莲》，已经在伦敦、纽约、新加坡、东京和北京出了 25 个版本，总印次达 366 次，其影响力足见一斑。近年来，虽然中国学界有人指责这个译本不够全（主要是因为它删除了大量诗、词、曲和个别隐语），译文不够完美[1]，但我们并不能因此否认它在《金瓶梅》传播史上已经和正在发挥的作用。单从文学阅读的角度来说，崇祯本的结构明显比词话本要紧凑，语言也更为简练，作为普通的读者，没有谁愿意在《金瓶梅》的开头重复读一遍《水浒传》里的情节，也没有谁能否认崇祯本的艺术性总体上比词话本高。克莱门特选择崇祯本作底本，实属明智之举。另外，从译文的质量看，除了对原文的个别细节有时理解不准，克莱门特对原作整体风格的把握是比较到位的，他把市井生活活色生香的内容，用轻松的笔调来传达，英文表达自然流畅——老舍对他英文写作能力的肯定看来并非虚谀，这使其译本具有很强的可读性。即使有了芮效卫翻译的词话本，《金莲》作为《金瓶梅》英文通俗读本的地位还是无法被取代。芮效卫的译本，相信主要是学术圈子的人会感兴趣。

1　洪涛：《对外文化工程与〈金瓶梅〉英译本的评价问题》，《金瓶梅研究》第 11 辑第 291—310 页，复旦大学出版社 2015 年版。

《金莲》的翻译问题考察

十九世纪末，严复（1854—1921）翻译赫胥黎的《天演论》时，在《译例言》中说："译事三难：信、达、雅。求其信已大难矣，顾信矣不达，虽译犹不译也，则达尚焉。"[1] 此后，"信、达、雅"的原则被翻译界奉为圭臬。虽然近年来有些研究翻译理论的人，对此偶有异议，但翻译终究是一门实践性很强的事业，理论上较的劲，在实践中能否行之有效，译的东西是否受人欢迎，都不是主观可以左右的。挑剔的评论家，往往无视翻译者处在一仆二主（杨绛先生语）的状况下左右为难的情形。严复所提的三原则，恰好给手忙脚乱的译者提了个醒，让他冷静下来，分出事情的轻重缓急。也就是说，准确地理解原文的意思（即"信"）是前提，清楚地用目标语言表述出来（即"达"）是基础，通过修辞增强译文的韵味（即"雅"）属于更高层次的要求。严复似乎更强调前两者。因为在翻译作品中，只有"信"和"达"这两条可以依据原文进行检验，"雅"则属于见仁见智的问题，不大容易

1　〔英〕赫胥黎著，严复译：《天演论》第 11 页，商务印书馆 1981 年版。

形成共识。

钱锺书先生在《林纾的翻译》一文中提出："文学翻译的最高标准是'化'。把作品从一国文字转变成另一国文字，既能不因语文习惯的差异而露出生硬牵强的痕迹，又能完全保存原有的风味，那就算得入于'化境'。"[1] 钱先生的"化境"与严复的"信、达、雅"本质上讲的是同一个问题。从理论上说，如果严格地按照"信、达、雅"的标准从事文学翻译，一点也不打折扣的话，译出的作品就能入于"化境"。但钱先生深知译事的艰难和译者的不易，他说"化境"是"文学翻译的最高标准"，其实等于说这是很难达到的标准。因为"一国文字和另一国文字之间必然有距离，译者的理解和文风跟原作品的内容和形式之间也不会没有距离，而且译者的体会和自己的表达能力之间还时常有距离……因此，译文总有失真和走样的地方，在意义或口吻上违背或不很贴合原文"[2]。所以对翻译来讲，实际的情况通常是："彻底和全部的'化'是不可实现的理想，某些方面、某种程度的'讹'又是不能避免的毛病。"[3] 钱先生这种务实的态度，提醒我们要客观理性地对待翻译这项工作。

克莱门特翻译的《金莲》出版后，西方汉学界对它的评价主要有两种声音。翟林奈 1940 年写评论说它"漏掉了原著中的不少东西，译文也不能说没有错误"。夏志清 1968 年在《中国古典小说》中说："克莱门特·埃杰顿的译本总共四册，题名《金莲》

1 钱锺书：《七缀集》第 77 页，生活·读书·新知三联书店 2002 年版。

2 钱锺书：《七缀集》第 78 页。

3 钱锺书：《七缀集》第 79 页。

(1939)，工程艰巨，但完成得很漂亮。译者用的底本是崇祯本而非更早、更完备的万历本，他把韵文做了削减或删除，工作饱含热情，译文很少严重错误。”[1] 翟林奈的书评发表得很早，后来的人估计不大容易看到，夏志清的书则多次重印，身为华人学者，他的评价影响应该更大。他们一个对《金莲》中的“讹”有所提醒，一个则基本否认。真相到底如何？大概只有对译文进行一次全面的审核，才能得出令人信服的结论。

如今重读这个译本，我们不得不承认，《金莲》在英语世界的长销不衰，除了因为它在很长一段时期内是唯一的“全”（当然要打点折扣）译本外，还与其文字流畅、可读性强有密切关系。芮效卫曾评价说：“在伊格尔顿（按：为 Egerton 的不同译法）的译本里，他的翻译语言是非常一致的。汉语的句子非常复杂，他把句子简化成浅显的英文。在我的译本里，我觉得要尽力让英文读者感受到原文复杂的结构和繁复的修辞。”[2] 说《金瓶梅》的句子复杂（芮效卫所谓的复杂，可能更多地保留在诗词曲赋里，这部分内容大都被克莱门特删去了），可能是有些外国人的感觉，我们

1　C. T. Hsia：*The Classic Chinese Novel*，*A Critical Introduction*（中国古典小说），P165. Previously published by Columbia University Press，1968. Reprinted by Cornell University's East Asia Program，1996. 按：夏志清原书第五章专论《金瓶梅》。徐朔方编选校阅的《金瓶梅西方论文集》（上海古籍出版社 1987 年版）第 137—173 页，曾收录何欣 1984 年 10 月在台北《知识分子》上发表的该章译文，题为《〈金瓶梅〉新论》。

2　石剑峰：《美国汉学家耗 30 年翻译〈金瓶梅〉坚持“完整呈现”》，《东方早报》2013 年 12 月 17 日。按：该文主体为芝加哥大学 2013 年春夏之际对芮效卫的采访记录，发表在芝加哥大学人文学院出版的校园半年刊 *Tableau* 上。石剑峰翻译后加了编者按，发表在《东方早报》。

只感受到了克莱门特强调的那种“直白”。用“浅显”的英语来传递汉语的“直白”，在风格上是不是也体现了严复提倡的“信”？或者钱锺书先生所谓的“能完全保存原有的风味”？公道地说，在克莱门特笔下，弥漫在原著中的市井烟火气，还是得到了很好的再现。如果拿它和芮效卫的译本相比，区别是明显的。

但是，整体风格上的“信”，不等于译文就“甚少错误”（即“讹”）。恰恰相反，《金莲》在不少地方存在对原文的误读和误解。为了准确了解整部书的翻译质量，笔者对照原著通校了一遍译文。这样做的目的并不纯粹是想给译者挑错，更不是为了卖弄高明，而是想确切地知道他在哪些地方出错了，搞清致误的原因是什么。

在谈论《金莲》的翻译质量之前，有个问题得先予澄清，那就是克莱门特当时面临的资料条件和学术界对《金瓶梅》的研究状况。二十世纪二十年代，《金瓶梅》研究的基础还很薄弱。该书最早的标点本出版于 1935 年 10 月，系上海杂志公司出版的施蛰存校点的《金瓶梅词话》。1981 年，台北增你智文化事业有限公司出版了魏子云整理的《金瓶梅词话注释》，应该是最早的注释本。1985 年，人民文学出版社出版了戴鸿森校注的《金瓶梅词话》，是中国大陆首部标点注释本。此后，《金瓶梅》研究逐渐趋热，语言学研究成就尤为突出，为准确理解文本扫除了很多障碍。本文并不打算总结《金瓶梅》的研究史，列举这些事实只想证明，克莱门特 1924 年开始翻译该书的时候，既没有现成的标点本可依据，也很少有相关的著作可参考。这意味着，他只能用没标点的刻本作底本，先从句读开始，克服语言上的重重障碍，想办法读懂原著，然后再考虑如何翻译。在语言学的相关研究还没有开展前，对一个学习汉语时间不长的外国人来说，面临的困难可想而知[1]。明白了这一点，我们对他所犯的有些错误，就比较容易理解了。

很显然，《金莲》中有些错误，系译者认字不清所致。这当然跟他的汉语水平有关——也不排除底本有模糊的地方。克莱门特有两处把“狠”译成了“狼”，初见之时，有些奇怪，以为他是用狼来形容“狠”的。第十二回，潘金莲托玳安捎给西门庆的帖儿上，写了首《落梅风》，其中的“狠心硬”，被他译成了“那颗心像狼一样狠”（That heart is unrelenting，like a wolf’s）。但当第二次看到他把“姐夫好狠心”，译成“你真有狼一样的心”（You must have a heart like a wolf’s）时，才意识到他认错了字。接下来，再看到他把“也不差甚么”译作“没啥好害羞的”（we have nothing to be ashamed of）时，就多了份警惕。其他的例子如：“梦攘魂劳”被译成“委梦于尘土”（her dreams were dashed to the ground），则是把“攘”（扰攘、不宁）认成了“壤”。而把“怪攮刀子”译成“你这滑稽的袋装小刀”（You funny little pocket-knife），却是把“攮”认成了“囊”，“攮刀子”相当于说“挨刀子的”或“该杀的”，“攮”是“戳”的意思，与“囊”（口袋）无关。“撰钱”意同“赚钱”，是《金瓶梅》里习惯的写法，绝大多数时候，克莱门特都能正确地翻译这个词（make money），

1　1985 年，戴鸿森整理的《金瓶梅词话》由人民文学出版社出版后，学术界曾发表过多篇纠错文章，就说明准确地理解原文并非易事。

但在第二十五回，却意外地译成了“换钱”（change money）。其他如把“柑子”译作“杯子”（cup），“爱钱”译作“丢钱”（lose money），“醋”（嫉妒）译作“犯错”（to make the same mistake a second time），把两个人名“斡离不”译成“幹离不”（Kan Li-pu）、“刘延庆”译成“刘廷庆”（Liu T'ing-ch'ing）等，都应该是认字不准造成的。但把“六娘”（即李瓶儿）译成“大娘”（the Great Lady，即吴月娘），“三姑”译成“二姑”（Second Aunt）、“三十多人”译成“二十多人”（twenty guests or more）、“三十日”译成“二十日”（the twentieth），估计应是看走了眼——或底本不清楚。这样的错误统计下来，全书大约有二十多处。

没有标点本作参考，克莱门特当然要克服很多断句的困难，看惯了横排的西文，竖排的汉字肯定让他很不习惯，无形中会增加犯错的可能。第二回把“天色却早申牌时分，武大挑着担儿，大雪里归来”译作“It was still early，about the hour of the Monkey，when Wu Ta came back，carrying his baskets over the snow”，就是断句错误造成的。他显然把第一句断成了“天色却早，申牌时分”。申时是下午三点到五点时分，是古人吃晚饭的时候，冬天黑得早，这时也不算早了。原文中的“早”只表示时间过得快，译成英文的“already”比较恰当。第六回火化了武大以后，“王婆一力撺掇，拿出一吊钱来与何九，打发众火家去”被译作“Old woman Wang asked Ho IX to give his men a thousand cash between them”（王婆撺掇何九拿出一千现钞给他的人）。“撺掇”在这里是“张罗”（arrange）的意思，译者断句不准，将其理解成了“怂恿”（ask）。第二十三回，写正月十六孟玉楼、潘金莲、李瓶儿三人带着一簇男女上街，“女婿陈敬济踹着马，台放烟火花炮，与众妇人瞧”译作“Ching-chi set off several fireworks on the mounting-stone”。这句译文令人莫名其妙。所谓“踹着马”，就是骑着马的意思。“台”乃“抬”的意思。译者可能把“马台”当成了一个词，望文生义地理解成了“上马石”。所以英文的意思就是“敬济在上马石上放了几个烟花”。此句或许可以译成：“Ching-chi rode a horse, carrying fireworks to set off for the ladies.”第四十四回，夏花儿偷金镯子被抓住以后，西门庆将其怒打了一顿，并叫李娇儿找人马上卖掉她。“西门庆道罢，把金子交与月娘收了，就往前边李瓶儿房里去了”译作“‘Stop!’ Hsi-mên Ch’ing said. He gave the piece of gold to the Moon Lady and went to the apartments of the Lady of the Vase.”“道罢”是说完话的意思，译者理解成了“西门庆道：‘罢。’”（“Stop!” Hsi-mên Ch’ing said.）第三十五回，谢希大问书童会多少南曲，他回答说：“小的也记不多几个曲子，胡乱答应爹们罢了。”译者把“应爹”当成了一个词，理解成了“应伯爵”（Uncle Ying）。最后一句就译成了：“I have sung for the amusement of Uncle Ying and yourself.”（我会几首让应爹和您开心的曲子）第七十八回，贲四老婆和西门庆有染以后，怕人说闲话，玳安给她出主意说：“这初九日，是俺五娘生日，你再送些礼去，梯己再送一盒瓜子与俺五娘。管情就掩住许多口嘴。”译文作：“On the ninth, it will be the Fifth Lady’s birthday. Take her some little presents and I will give her a box of melon seeds for you. That will stop their mouths.”按：“梯己”是私下的意思，玳安的意思是贲四老婆除了明着送生日礼之外，还应私下给潘金莲送点瓜子过去。因为他知道西门庆的妻妾中只有潘金莲比较咬嘴，这样做可以堵住她的嘴。译者不明白“梯己”的意思，只知道“己”是自己（指玳安），就把这句译成了“我再替你给她送一盒瓜子”（I will give her a box of melon seeds for you）。虽然有这样一些断句不准的例子，但总体上看，克莱门特还是较好地理解了原著。没有标点的拘束，他反而享有了一定的自由。比如书中有很多地方明明是对话，却被他偷工减料地译成了叙述性文字，省却了好多麻烦。相反的情况则很少发生，只在第一百回有一处，把两句叙述性文字当成了对话，还是因为把“他”字看成“你”引起的误会。“良久，孝哥儿醒了。月娘问他：‘如今你跟了师父出家。’在佛前与他剃头，摩顶受记。可怜月娘，扯住恸哭了一场。”译作：“After a while the boy woke up. ‘You are going to stay here,’ his mother said to him, ‘and become the disciple of this holy teacher. He will cut off your hair and give you orders in the name of Buddha.’ The Moon Lady took the lad in her arms and cried bitterly.”这是把“在佛前与他剃头，摩顶受记”当成了吴月娘的话，且把“与他剃头”译成了“给你剃头”。

真正对他构成挑战的，是含义丰富的汉语词汇。这些貌似熟悉的单字一旦组合在一起，有时就成了令他不知所云的东西。如“杩桶”、“杩子”，如果译成“chamber pot”、“commode”都可以，克莱门特两次却都译成了“喂马用的桶”（the pails used for the horses）。“更衣”本来是“如厕”的委婉说法，他每次都老老实实地译成了“换衣服”（change his clothes）。另一个与此意思相近的词是“净手”，他也全都译成了“洗手”（wash hands）。“摆”字在方言里有“下毒”的意思，在对话中涉及潘金莲“摆死”武大的地方，都含糊地译成了“谋杀”（murder）。这明显是根据上下文意分析的结果，而不是对原文的翻译。“姑娘”在《金瓶梅》里指姑姑，是方言词汇，译者不明其意，第三十二回李桂姐要认作吴月娘的义女，“进来先向月娘笑嘻嘻拜了四双八拜，然后才与他姑娘和西门庆磕头”。译文作：“She went in smiling, and kotowed four times to the Moon Lady, then to her and Hsi-mên Ch'ing together.”英文里漏掉了关键词“姑娘”，令句子读不通。译者不明白“姑娘”的意思，以为是指吴月娘，所以用了个“her”。其实按妓院里的辈分，李桂姐是李娇儿的侄女，所以她在拜吴月娘为干娘时，也给李娇儿和西门庆行了个礼。接下来的唱曲活动中，小说特意写了一笔：“月娘和李娇儿对面坐着。”再如“纸盆”，原是放在死者灵前供人烧纸用的瓦盆，一般在起灵时，要由孝子将其摔破。西门庆出殡前，“陈敬济摔破纸盆，棺材起身”，被译成了“Then Ch'ên Ching-chi broke a paper bowl and the coffin was taken out”。译者不懂这个习俗，把“纸盆”直译成了“纸糊的盆子”（a paper bowl）。

有些误解，与原文对照，颇有滑稽的意味。第五回武大郎捉奸前，郓哥劝他：“若捉他不着，反吃他一顿好拳头。”竟然被译成“他会把拳头塞在你的嘴里”（you'll find his fist in your mouth）。克莱门特大概不知道“吃”有“挨”和“受”的意思，照基本意思理解了原文。但拳头塞在嘴里，终究不合逻辑，难道就不觉得别扭吗？第八回西门庆向潘金莲发誓：“我若负了你，生碗来大疔疮。”被他译作“我要负了你，身子就缩成饭碗那么大”（If I have forgotten you … may my body become the size of a bowl of rice）。第七回孟玉楼改嫁时，杨家的舅舅张四阻拦箱笼出门，已被西门庆收买的杨氏姑姑出面同张四对骂。张四骂她：“你这嚼舌头老淫妇！挣将钱来焦尾靶！怪不得您无儿无女！”译作：“You garrulous old whore, you want the money yourself to put a little warmth under your tail. No wander you never had any children!”“焦尾巴（靶）”在汉语里有特定意思，骂人没有孩子。译文的“给你尾巴下面一点温暖”（put a little warmth under your tail），完全是望文生义。第四十一回，潘金莲听说西门庆在李瓶儿房里，醋意大发，回到房里拿秋菊撒气，骂道：“党太尉吃匾食，他也学人照样儿欺负我。”译作：“she is like Grand-Marshal Tang eating a tablet. She thinks she will put on airs and annoy me.”“匾食”即“扁食”，就是饺子。译者不理解，译成了“牌匾”（tablet），于情于理，都令人难解。第七十六回，西门庆送走侯巡抚、宋御史等众官，教人“抬出梅花来，放在两边桌上，赏梅饮酒”。这“梅花”是七十二回安老爹送的，该句被莫名其妙译成了：“Then he sent for Plum Blossom to decorate the hall, that he might enjoy the beauty of the flowers while he was drinking.”（派人叫庞春梅来装饰大厅，好让他赏花喝酒）表明他把“梅花”误当成“春梅”了。类似的情况，都可以看出译者面对原著的细节，有时吃不太准。

这种情况的另一种表现是，对有些反复出现的词，前后的译法不一致，时对时错。这可能是他一开始理解不准，到后来因为该词反复出现，根据上下文猜出了它的意思，但忘了改正前面的译文。比如“卸腿”这个词，小说人物在责骂仆婢时经常用。第十一回，写潘金莲激打孙雪娥时，见秋菊催饭不来，让春梅去找。“春梅有几分不顺，使性子走到厨下，只见秋菊在那里等着哩，便骂道：‘贼奴才！娘要卸你那腿哩！……’”将春梅的话译作：“‘You thievish slave,’ she cried, ‘mother is going to take your trousers down. …’”“卸腿”的意思是“把腿打断”，而不是“脱掉裤子”（to take your trousers down）。第三十五回，书童向西门庆告状，说平安欺负他，“西门庆听了，心中大怒，说道：‘我若不把奴才腿卸下来，也不算!’”译作：“Hsi-mên Ch’ing was very angry. ‘If I do not pull that slave’s trousers down,’ he said, ‘I am not fit to be called a man.’”还是译成了“我若不把那奴才的裤子脱下来”。到该回的后半部分，平安被打以后，“西门庆骂道：‘我把你这贼奴才！你说你在大门首，想说要人家钱儿，在外边坏我的事，休吹到我耳朵内，把你这奴才腿卸下来!’”译作：“‘You rascally slave,’ Hsi-mên said, ‘you said you were at the gate. It is my belief that you are always trying to get money out of people and so spoiling my good name. Let me hear not so much as a whisper of anything of the sort. If I do, you shall lose your legs.’”只有这里把“卸腿”才译对了。再比如“五短身材”。第九回介绍西门庆妻妾时，说孙雪娥“生的五短身材，有姿色”，译作“fairly tall and not bad-looking”（个子高挑且有点姿色）。第十三回写李瓶儿皮肤白净，“五短身材”，又译作“rather short”（很矮）。第十七回写蒋竹山“其人年不上三十，生的五短身材”，则译作"… not very tall"（不是很高）。第四十三回写"众堂客簇拥着乔五太太进来，生的五短身材"，也译作"… She was not very tall"（她个子不是很高）。第八十四回，吴月娘在碧霞宫见到一个庙祝道士，"约四十年纪，生的五短身材"，译作"He was a short man"（他是矮个子）。很显然，第九回把"五短身材"译为"个子高挑"，意思完全反了。克莱门特后来意识到了这个问题，但忘了修正前面的错误。还有"刑法"本来指乐器。第三十二回，应伯爵不让郑爱香和吴银儿唱曲，拉她们到席上递酒，"教玳安：'过来，你替他把刑法多拿了。'一手拉着一个，都拉到席上，教他递酒"。译文为："Come here, Tai An; bring the thumbscrews, and let them have a taste. Then they may serve the wine."竟然将其译成了作为刑具的"拶指"（thumbscrews）。同回紧接着另一处，应伯爵与李桂姐笑骂时说："且休教他递酒，倒便益了他。拿过刑法来，且教他唱一套与俺每听着。他后边躲了这会滑儿也勾了。"译文为："Then he added: 'Don't let her pass the wine. It is too good a job for her. Let us have the musical instruments and she shall sing a song for us. She has spent quite long enough in the inner court.'"这里又把"刑法"准确地译成了"乐器"（the musical instruments）。

《金瓶梅》中使用了大量的方言、俗语、歇后语和谐音词，其中有些虽经过语言学界的多方考释，至今仍没有确解。面对原著中的方言、俗语、歇后语和谐音词，当克莱门特不能理解的时候，他基本采取了三种处理办法：

一是照字面意思直译。例如第三回王婆对潘金莲说："便是因老身十病九痛，怕一时有些山高水低，我儿子又不在家。”译文为：“‘I am always suffering from something or another,’ the old woman said. ‘One of these days I shall find myself as high as the mountains and as deep as the ocean. And my son is not at home.’”“山高水低”比喻自己有个“什么意外”，是指身体出现大的问题。克莱门特的直译令人不知所云。对这句话，芮效卫后来也采取了直译，但他最后做了点补充说明，使意思比较清楚。“‘It's just because I seem to be suffering from all: Ten aches and nine pains,’ said Dame Wang. ‘I'm afraid I could end up: High as the hills or deep as the sea, at any moment, and my son isn't even here to take care of things if anything should happen to me.’”（*The Plum in the Golden Vase*. Vol. I，P69）第三十九回，把“成精捣鼓”译为“You look like a spiritual drum-stick”（你像个成了精的鼓槌）。“成精捣鼓”其实是“作怪”的意思。同回还把“千金小姐”译作“the Virgin of a Thousand Pieces of Gold”。第四十回把“人不知，鬼不觉”译作“in absolute secrecy, so that no evil spirit may interfere”（在绝对保密的状态下，恶鬼就不会来打扰）。第五十一、五十二回，把“白酒”都译作“white wine”，其实应该是“spirit”。第五十八回，西门庆约定要聘文秀才，临别时对他说：“学生每月奉上束脩，以备菽水之需。”译作：“Every month I shall offer a small sum for your beans and water.”“菽水”表面意思是豆子和水，但其实是形容清贫的生活，照字面直译，会让人感到糊涂。再如第三十五回，平安骂白赉光：“贼雌饭吃花子禽的。”译作：“he shows his teeth and gobbles down our food. It was a beggar got him."“雌饭”是“蹭饭”的意思，而不是“呲着牙吞饭”(shows his teeth and gobbles down our food)。

二是对有些难以理解的内容，译者有时会大而化之，糊涂了事。第六回写潘金莲和王婆互相调侃：“妇人笑道：‘干娘来得正好，请陪俺娘且吃个进门盏儿，到明日养个好娃娃！’婆子笑道：‘老身又没有老伴儿，那里得养出来？你年小少壮，正好养哩！’妇人道：‘常言小花儿不结，老花儿结。’婆子便看着潘妈妈嘈道：‘你看你女儿，这等伤我，说我是老花子。到明日还用着我老花子哩！’”译作：“‘The young tree bears no fruit; but the old tree bears well,’ Golden Lotus said, quoting an old saying. ‘Do you hear your daughter making fun of me?’ the old woman said, turning to Madam P'an. ‘She calls me "Old Beggar", but she'll be glad enough of her "old beggar" one of these days.’”“老花儿”谐音“老花子”，译者没译出来，也没有加注释，让人不明所以。第二十回，潘金莲骂春梅：“卖萝葡的跟着盐担子走——好个闲嘈心的小肉儿！”译作：“Why should Plum Blossom take this upon herself? She is a meddlesome young hussy.”萝卜吃多了会嘈心（谐音操心），盐表示咸（闲）。所以这个歇后语的意思是“闲操心”。翻译时把歇后语省了。第四十二回，韩玉钏和应伯爵斗嘴，说他是“女又十撇儿”。“女又十撇儿”是“奴才”两字拆开的偏旁，译者不理解，译成了“我喜欢你的无礼”(I like your impertinence)，和下文应伯爵说“我猜我就是奴才”(I suppose it is I who am the slave)没有了照应。最典型的莫过于第五十九回，官哥病情严重，乔大户家推举了一个专擅儿科的鲍太医来看，他说："这个变成天吊客忤，治不得了。"译者不知"天吊客忤"怎么翻译，干脆说"他用个长名字称呼了这个病"（he called the illness by a long name）。其实"天吊"、"客忤"是两种病，天吊是小儿抽搐，客忤是陌生人带来的病毒或细菌感染。

三是根据上下文意猜测着翻译。第十九回，蒋竹山被打以后，苦求李瓶儿给他银子还给鲁华，李瓶儿骂道："我早知你这忘八砍了头是个债桩。"译作："I've known for a long time, you turtle, that you're nothing but a braggart and a sponger."“砍了头是个债桩”是说他是个该死的债主。但英文译成了"我早知道你这忘八是个吹牛吃白饭的"。第二十八回，潘金莲丢了鞋，秋菊没有找到，春梅骂她"王妈妈卖了磨——推不的了。"译作："You're as bad as old Goody Wang buying a mill. What's the good of it?"译者既把"卖"认成了"买"，又没把"推"（推卸责任）的意思译出来。照英文的意思，就变成了："糟糕得像王妈妈买了个磨子，有啥好处？"完全背离了原意。第三十八回提到的"挽手儿"本来指马鞭（whip），但英文却译成了"提酒坛的网兜"（the net for the wine-jar）。第三十九回，当西门庆在玉皇庙给官哥寄名后，吴道官给其取名为吴应元，孟玉楼给孩子穿上庙里送来的小道服，说："穿着这衣服，就是个小道士儿。"金莲接过来说道："甚么小道士儿，倒好相个小太乙儿！""小太乙"谐音"小太医"，潘金莲居心不善，怀疑这孩子是蒋竹山（曾任太医）的。所以吴月娘听了很不满，批评了她。译者完全没有理解这层意思，只译出了它的字面意思"太乙天尊"（the Great Omnipotent）。第六十回，官哥死后，潘金莲又说李瓶儿是"王婆子卖了磨——推不的了"。同一个歇后语，这里的“推不的”，意思是没有靠头，没有指望。这次的译文却是：“You are another old woman Wang, who sold her corn and can never have it again to grind.”直接把“磨”（stone mill）译为“玉米”（corn），不知何意。第七十六回，孟玉楼劝吴月娘别和潘金莲一般见识，说：“娘，你是个当家人，恶水缸儿，不恁大量些，却怎样儿的！……”译作：“Mother, you are the mistress here. You are the source from which we draw our water, and you must not be ungenerous …”“恶水缸”就是泔水缸，意思是什么都能装，比喻胸怀宽广，气量大。译者将其翻成“你是我们的取水之源”（You are the source from which we draw our water），明显是猜测的意思了。

尽管克莱门特在《译者前言》里声称自己没有删减除诗词曲之外的原文段落，但为了翻译上省事，他经常会省略一些不易处理或他认为无关紧要的细节，对繁复的场面描写、作者插入的评论、书中人物对一些事件的复述、算命和打牌的术语等，他都尽量从略。在有些时候，为了让场面更平衡，逻辑更严密，他又会自作主张地添加一点细节。如第二回，武大因依从了武松的话，每天卖炊饼晚出早归，“那妇人气生气死，和他合了几场气。落后闹惯了，自此夫人约莫武大归来时分，先自去收帘子，关上大门”。他可能觉得这样忍气吞声不符合潘金莲的性格，故在“关上大门”之后，译文又添补了两句：“… thinking that so she would annoy him, but instead of making him angry.”（觉着这样会让他烦，又不至于把他惹恼）第十九回，李瓶儿嫁进门后，西门庆问她自己和蒋竹山比谁强。李瓶儿说：“你是个天，他是块砖；你在三十三天之上，他在九十九地之下。”译作：“You are like the heavens, and he is nought but a piece of clay. It was such a man as you who set the tiles upon the palace of the Jade King in the thirty-third heaven, and he is fit only to dig coal for the King of Hell in the ninety-ninth abode beneath the earth.”这段译文有意思的是，原文只说一个在三十三天之上，一个在九十九地之下。译者可能觉得这种差别还不够明显，临时给他们还安排了新角色。说西门庆“在三十三天玉皇大帝宫殿上安瓦”，蒋竹山“在九十九重阎罗地狱里挖煤”，表示地位悬殊的数字差别，被赋予了工种的实际含义。

另外，在人名、人称和数字方面，译者偶有张冠李戴和看走眼的地方，有时会造成叙事上的混乱。第八十二回，潘金莲约了陈敬济当晚来会，先让春梅拔了凤仙花来染指甲，给秋菊喝了几钟酒，打发她在厨房先睡了，然后躺在天井内纳凉等待。英文的表述是：“潘金莲给春梅喝了几杯酒，让她当晚在厨房睡了。然后在灯下染了纤指，让丫鬟搬了条凳子和枕簟放到院子里。”(Golden Lotus gave Plum Blossom a few cups of wine and told her to sleep that night in the kitchen. Then, by the light of the candles, she stained her delicate fingers, while the maid, at her direction, took a bench into the courtyard, with a mattress and some pillows.）潘金莲既然让庞春梅去约陈敬济，就不会防着她，也用不着把她灌醉，其实她要提防的是丫鬟秋菊。接下来的故事说明，坏事的正是秋菊。译文前一句说：“那丫头拿了花回来，让秋菊去处理。”(At last the maid returned with the flowers and told

Chrysanthemum what to do with them.）对应的中文原文是："只见春梅拔了几颗凤仙花来，整叫秋菊捣了半日。"其中的"the maid"当然指春梅，但在春梅喝了酒被打发到厨下睡觉后，又出现了个"the maid"，这次似乎又是指秋菊了，指称显得非常混乱。第八十一回，来保和韩道国从扬州回来，韩道国拐了银子跑了。来保依仗自己做买卖有经验，拿话压陈敬济，要他低价出货，说："姐夫，你不知买卖甘苦。……"译者把来保谈话的对象当成了吴月娘，故译作："'Your son-in-law is not sufficiently experienced,' Lai Pao said to the Moon Lady."乃把"姐夫"（Brother）当成了"女婿"（son-in-law），为了逻辑上顺溜，又加了个"你的"（Your）。

最奇怪的是，第八十回"月娘这里请了乔大户、吴大舅、应伯爵来陪侍，李铭、吴惠两个小优儿弹唱，卷棚管待去了。俱不必细说。到晚夕，念经送亡。月娘分付把李瓶儿灵床连影抬出去，一把火烧了。将箱笼都搬到上房内堆放。奶子如意儿并迎春收在后边答应，把绣春与了李娇儿房内使唤。将李瓶儿那边房门，一把锁锁了"这一段的译文，与原文完全对不上，仿佛不是翻译，而是创作。译文的意思是："没人出来阻拦，他们打扮得像一伙猴子，焚了香磕了头。陈敬济回了礼。酒足饭饱后就走了。吴月娘心里最清楚，所有认识西门庆的人，不论官员、朋友还是奴仆，没人不在考虑自己的后路。她谁也信不过。但她相信书童比较老实可靠，就派他去照顾孙雪娥，并把李瓶儿房里的钥匙交给了他。"（There was nobody to stop them and, dressed up like a lot of monkeys, they burned incense and kotowed. Ch'ên Ching-chi made a reverence to them in return. They were entertained and then went away. The Moon Lady knew only too well that, of all the people who knew Hsi-mên Ch'ing, officers, friends, and servants alike, there were very few who were not seeking their own ends. She could trust none of them. But she believed Shu T'ung to be honest and reliable, and appointed him to attend upon Picture of Grace, giving him the keys of the Sixth Lady's rooms.）还有，第四十六回的开篇词原来是一首《浪淘沙》，译者没有翻译，却把该回正文中描写元宵盛况的一段韵文（“户户鸣锣击鼓……凤城佳节赏元宵”）翻译了放在回前代替开篇诗，不知是出于何种考虑。这两处乃整部书在翻译上对原著改动最大的地方（已经提到的删节和省略除外）。

也许是由于文化上的差异，克莱门特对汉语中形容时间飞逝的“光阴似箭”、“日月如梭”、“白驹过隙”这几个成语，似乎特别感兴趣，每次都不厌其烦地加以详细翻译。如第二回的“白驹过隙，日月如梭”（The sun's bright horses galloped past the window, and the sun and moon raced liked a weaver's shuttles），第六回的“光阴迅速，日月如梭”（The days passed quickly, the sun and moon crossed and recrossed like a weaver's shuttles），第八回的“光阴似箭，岁月如梭”（Time sped like an arrow in flight. The sun and moon crossed and recrossed like a weaver's shuttles），第三十三回的“光阴迅速，日月如梭”（The time passed quickly. The sun and moon crossed and recrossed like the shuttles of a weaver）。我们中国人看到这些成语，一般脑子里绝不会清晰地浮

现出弓箭、梭子和白马的形象。这类成语若照字面直译，既啰嗦冗长，又让人费解。按照克莱门特的简洁文风，也许直接译成“Time passes quickly”或“Time flies”会更好。相反，对于原著中许多表示叙事转折的提示语，如“话休叙烦”、“……不题”等，他就一点都不客气地省略掉了。“当夜（晚）无话”这个常用语，在原著第五回出现了两次：第一次是武大与郓哥定计捉奸后回到家里，“那妇人便安排晚饭与他吃了。当晚无话。次日饭后，武大只做三两扇炊饼，安在担儿上”。第二次是武大被打以后，王婆和潘金莲“两个上下肩搀着，便从后门归到家中楼上去，安排他床上睡了。当夜无话”。同样是叙事过渡的提示语，第二个“当夜无话”被省略了，第一个“当晚无话”却译成了“他仍是不说话”(but still he did not offer to speak)，味道就完全变了。

虽然有不少细节上的不足，克莱门特的译文也有精彩的地方。比如第一回对“摇席破座”(to disturb the party, or to be the cause of its breaking up) 的理解就很准确。第二回，武松因反感潘金莲的勾引，要从武大家搬出，武大问其缘故，武松道：“哥哥不要问，说起来装你的幌子，只由我自去便了。”这句译作：“‘Ask no questions,’ Wu Sung answered. ‘If I tell the truth, your good name will be ruined. Let me go.’”对“装幌子”（败坏别人的名声）译得也很到位。特别是第二回西门庆为求王婆给他与潘金莲穿针引线，两人对话中以“梅”谐“媒”，译文的处理很有创造性。克莱门特选择用英文的“damson”译“梅”，用“damsel”（指未婚少女，系旧时用法）译“媒”，用两个谐音词来对应汉语的双关语，非常巧妙。这个处理办法，也被芮效卫沿用了。再比如第四回，西门庆来到王婆茶馆，王婆要出去买酒，让潘金莲陪坐，“妇人口里说‘不用了’，坐着却不动身”，被译作：“With her lips Golden Lotus said she did not wish to drink, but her body told another story.”都特别传神。类似的例子在这个译本中能找出很多。

以上的举例或许能证明，在准确理解了原著（即“信”）的前提下，克莱门特的译笔是能够传神（即做到“达”和“雅”）的。《金莲》中的“讹”，主要体现在细节上，除非对照原著仔细检查，一般读者并不容易注意到这些问题。译者对有些细节的省略，会让译文显得更加紧凑，这种偷懒的处理，既省了自己的力气，也在一定的程度上讨好了不知情的读者。应该承认，克莱门特还算是个尽职尽责的仆人，受自身汉语水平和《金瓶梅》参考文献不足的限制，在力所不逮的情况下，他有时难免会要个滑头，两头糊弄，对此我们必须要公正地看待。就客观条件来论，芮效卫后来翻译《金瓶梅》要比克莱门更有优势。他自幼在中国长大，汉语基础好不说，在他动手翻译的时候，中国学界关于该书的整理和研究也有了足量的成果可参考。尽管如此，他的译文也并非无懈可击。比如，对“王婆子卖了磨——推不的了”这个歇后语，芮效卫译作：“Dame Wang who sold her grindstone: you've no way to grind your axe.”（*The Plum in the Golden Vase*, Vol. II, P213）就把“磨”（stone mill）理解成了“磨刀石”（grindstone），所以下句说“没处磨斧子了”，而这个歇后语的关键点得落实到“推”字上。这在在说明，译事不易，译《金瓶梅》尤其不易。其实若离开标点和注释，就是中国读者阅读原著也一样会有困难。

遗憾的是，《金莲》自问世后，虽然经历了两次大的修订，但主要针对的都是形式上的问题（如拉丁文向英文的回译、人名的拼音化），这些深层的问题始终没有被人关注。如果把这类问题做一彻底修订，对普通读者来说，它仍不失为优秀的英文读本。

一　认字错误

1. “狠”误作“狼”

P268（第十二回）　**西门庆梳笼了李桂姐后，半个月不回家，潘金莲让玳安给他捎了个帖儿，上书《落梅风》一首，中有两句话。**

原文：“狠心硬，浑似铁。”

译文：“That heart is unrelenting, like a wolf's.”（*269*）

按：中文的意思是“那颗心像狼一样狠”。

P286（第十二回）

原文：“姐夫好狠心。”

译文：“You must have a heart like a wolf's.”（*287*）

按：中文的意思是“你肯定有颗狼一样的心”。

2. “差”误作“羞”

P392（第十六回）　**西门庆听说花子由两口子赞同他娶李瓶儿，很高兴地对李瓶儿表态。**

原文：“他既恁说，我容他上门走走，也不差甚么。”

译文：“I shall have no objection to their coming. We have

nothing to be ashamed of."(393)

按：把“不差甚么”译成了“没啥好害羞的”。译者显然把“差”字认成了“羞”。

P616（第二十六回） **潘金莲对孟玉楼说，她坚决反对西门庆纳宋蕙莲为妾。**

原文：“他若不依，我拚着这命，摈兑在他手里，也不差甚么！”

译文：“No, if he doesn't do what I tell him, I shall kill myself, and he will be responsible. I'm not far from it now."(617)

按：这次就没认错字。不过，理解上却出了问题，译成“我离这一步已不远了”（I'm not far from it now）。中文的意思其实是“也没什么大不了的”，似乎应译成“It doesn't bother me at all”或“It is no big deal for me”。

3. **“搽”误作“茶”**

P958（**第三十九回**）

原文：“玫瑰搽穰卷儿。”

译文：“tea with rose-petals."(959)

按：这里显然是把“搽”当成了“茶”，后面的“卷儿”就忽略了。把吃的食品，错当成了饮品。“玫瑰搽穰卷儿”应该是抹了玫瑰酱馅儿的卷子。

4. **“攘”误作“壤”/“囊”**

P410（第十七回） **西门庆因亲家出事，女儿女婿来避难，**

顾不上兑现娶李瓶儿的事，让李瓶儿整日盼望。

原文："梦攘魂劳，佳期间阻。"

译文："Her dreams were dashed to the ground, her good fortune seemed to have come to an end."（*411*）

按：这里是把"攘"错认成了"壤"，理解上出了问题。另外，"佳期"本是指"相会的日子"，而不是"好运"，"间阻"也不是"到头"，而是"迟迟不来"的意思。

P776（**第三十二回**）　**李桂姐和应伯爵调笑。**

原文："桂姐骂道：'怪攮刀子，好干净嘴儿。'"

译文："'You funny little pocket-knife,' Cassia said, 'nice clean lips you've got.'"（*777*）

按："攮刀子"相当于说"挨刀子的"或"该杀的"。译者把"攮"（戳）认成了"囊"（pocket），故将"攮刀子"译成了"口袋里装的小刀"（little pocket-knife）。

5. "妆"误作"装"

P342（**第十四回**）　**潘金莲生日那天。**

原文："只见潘金莲走来，玉楼在席上，看见他艳抹浓妆，从外边摇摆将来。"

译文："When Golden Lotus came back, Tower of Jade saw that she had dressed herself in her most beautiful clothes. She certainly looked very charming."（*343*）

按："妆"非"装"，前者指化妆（make up），后者指着装（clothes）。

satisfied so long as they are in a subordinate position. Compared with the Great Lady, who has money in plenty, she is in a most unfortunate position. My mistress is really poor."(2061)

按：这两处都把"六"认成了"大"，把"六娘"错译成了"大娘"(the Great Lady)。李瓶儿在众妻妾中排行第六，故"六娘"指李瓶儿，"大娘"则指吴月娘。

9. "撰"误作"换"

P590（**第二十五回**）

原文："这来兴儿在家，西门庆原派他买办食用，撰钱过日。"

译文："Lai Hsing was the servant to whom Hsi-mên Ch'ing had originally entrusted the business of buying and changing money for the household."(591)

按："撰"意同"赚"，译成"换钱"于义不通。

P538（**第二十二回**）　**李铭教琵琶时按了春梅的手，春梅大骂。**

原文："那里紧等着供唱撰钱哩怎的?"

译文："We are not having you taught music to make money."(539)

P812（**第三十四回**）

原文："刘太监的兄弟刘百户，因在河下管芦苇场，撰了几两银子，新买了一所庄子在五里店。"

译文："Eunuch Liu's brother, has done pretty well out of the

Imperial osier-beds. A short time ago he built a house at Wu Li Tien."(813)

P822（**第三十四回**） **李瓶儿说画童。**

原文："贼囚！你倒且是会排铺撰钱！"

译文："You are a clever young rascal, making money in this way."

P876（**第三十五回**）

原文："且说应伯爵见贲四管工，在庄子上撰钱。"

译文："To return to Ying Po-chüeh. He had noticed that Pên IV was in charge of all the work that was being done, and apparently making money thereby."

按：以上三处对"撰钱"的翻译都没错。可见第二十五回译成"换钱"是看走眼了。

10. "柑子"误作"杯子"

P742（**第三十回**）

原文："堂客正饮酒中间，只见玉箫拿下一银执壶酒并四个梨一个柑子，径来厢房中送与书童儿吃。"

译文："While the ladies were drinking Flute of Jade took a silver wine-jar, a cup, and some pears, and went with them to the study."(743)

按：原文并没有提到杯子，译文里却多了个"杯子"，但丢了"柑子"。估计译者把"柑子"误作了"杯子"。

11. “爱”误作“丢”

P1038（**第四十三回**）　**李瓶儿房里丢了金镯子，吴银儿听说了，说道。**

原文：“谁人不爱钱？俺里边人家，最忌叫这个名声儿，传出去丑听。”

译文：“People often lose money, but in such a house-hold as yours it is most regrettable for such a thing to happen. If people outside hear about it, it will bring shame upon the household.”（*1039*）

按：“爱钱”被译成了“丢钱”（lose money）。

12. “西”误作“东”

P1066（**第四十五回**）

原文：“少顷，棋童儿拿茶来，西门庆陪伯爵吃了茶，就让伯爵西厢房里坐。”

译文：“Ch’i T’ung brought tea and Hsi-mên and Ying Po-chüeh drank it together. Then Hsi-mên asked Po-chüeh to go to the rooms in the eastern wing.”（*1067*）

按：“西厢房”译成了“东厢房”。

13. “三”误作“二”

P1092（**第四十六回**）

原文：“只见贲四嫂说道：‘大姑和三姑怎的这半日酒也不上，菜儿也不拣一箸儿？嫌俺小家儿人家整治的不好吃也怎的？’”

译文：“Pên IV’s wife was saying: ‘My dear eldest aunt, and you, Second Aunt, is it because you despise the preparations I have made for you in this small mean hovel that you have had no wine for so long?’”（*1093*）

按：“三姑”认成了“二姑”。

P1452（**第六十回**）　**来保南京货船回来。**

原文：“家中收拾铺面完备，又择九月初四日开张，就是那日卸货，连行李共装二十大车。那日亲朋递果盒挂红者约有三十多人。”

译文：“The shop was ready, and it was arranged that it should be opened on the fourth day of the ninth month. On that day the merchandise was brought, twenty large loads of it. Kinsmen and friends sent presents and scrolls to be hung up in the new shop, and there were twenty guests or more.”（*1453*）

按：“三十多人”译成了“二十多人”。

P1926（**第七十五回**）　**孟玉楼要把家里的帐交给西门庆，让他给潘金莲去管。**

原文：“明日三十日，我叫小厮来攒帐，交与你，随你交付与六姐，叫他管去。”

译文：“On the twentieth, I am going to get the boys to settle up the accounts, and I shall give up this house-keeping business. You will probably hand it over to Golden Lotus. It is time she did some work.”（*1927*）

按：“三十日”错成了“二十日”（the twentieth）。

以上都是没有看清原文造成的，相信译者的汉语水平还不至于分不清“二”和“三”。

14. “镜”误作“币”

P1236（**第五十一回**）

原文：“古镜一圆。”

译文：“and an ancient coin.”（*1237*）

按：译者可能受到数量词“一圆”的影响，认为“镜”当为“币”才合理。

15. “十”误作“千”

P1402（**第五十八回**）　**潘金莲怒打秋菊，向李瓶儿撒气。**

原文：“随着妇人打秋菊，打勾二三十马鞭子，然后又盖了十栏杆，打的皮开肉绽，才放出来。”

译文：“Golden Lotus went on beating Chrysanthemum. It seemed like two or three thousand stripes. Then she took a stick and Chrysanthemum's skin and flesh were torn.”（*1403*）

按：“二三十马鞭子”被误看成“二三千鞭子”（two or three thousand stripes）。

16. “南”误作“东”

P1608（**第六十五回**）　**李瓶儿出殡。**

原文：“殡才起身，迤出南门。众亲朋陪西门庆走至门上方乘马。”

译文："The funeral procession moved forward. When it came to the East Gate, the relatives and Hsi-mên Ch'ing mounted horses."（*1609*）

按："南门"被译成了"东门"（the East Gate）。

17. "醋"误作"错"

P1898（**第七十五回**）　**潘金莲骂西门庆。**

原文："我还是李瓶儿时，叫你活埋我！雀儿不在那窝儿里，我不醋了！"

译文："When the Lady of the Vase was alive, I counted for nothing. But that bird is no longer in the nest. I'm not going to make the same mistake a second time."（*1899*）

按："醋"是嫉妒的意思，译者看成了"错"，译成"我不会再次犯错了"（I'm not going to make the same mistake a second time）。

18. "上"误作"五"

P2140（**第八十回**）

原文："张二官见西门庆死了，又打点了上千两金银，往东京寻了枢密院郑皇亲人情，对堂上朱太尉说，要讨提刑所西门庆这个缺。"

译文："Chang II, now that Hsi-mên Ch'ing was dead, spent five thousand taels in bribing Chêng, one of the royal family in the Eastern Capital, so as to secure the appointment which Hsi-mên

Ch'ing had held. "（2141）

按："上千两"被译成了"五千两"（five thousand taels），显然是译者把"上"看成了"五"。

19. "洒"误作"酒"

P2424（**第九十四回**）

原文："这洒家店的刘二，有名坐地虎。"

译文："Liu II of the wine-house was a famous tiger in this neighbourhood. "（2425）

按："洒家店"被错译成了"酒店"（wine-house）。

20. "斡"误作"幹"

P2562（**第一百回**）

原文："副帅斡离不由擅州来抢高阳关。"

译文："The second general, Kan Li-pu, came down from T'an-chou and made a raid upon Kao yang kuan. "（2563）

按：译者把"斡离不"看成了"幹离不"（Kan Li-pu）。

21. "延"误作"廷"

P2562（**第一百回**）

原文："那时陕西刘延庆领延绥之兵，关东王禀领汾绛之兵，河北王焕领魏博之兵，河南辛兴宗领彰德之兵，山西杨惟忠领泽潞之兵，山东周秀领青兖之兵。"

译文："These generals were Liu T'ing-ch'ing of Shên hsi,

who was in command of the Yen Sui army; Wang Ping of Kuan tung, who commanded the Fên Chiang army; Wang Huan of Ho pei, in command of the Wei Po army; Hsin Hsing tsung of Ho-nan, of the Chang Tê army; Yang Wei chung of Shan hsi with the Tsê Lu army, and Chou Hsiu of Shan-tung with the armies of Ch'ing and Yen."(*2563*)

按："刘延庆"被看成了"刘廷庆"（Liu T'ing-ch'ing）。

二　断句错误

1. *P60*（第二回）

原文：“天色却早申牌时分，武大挑着担儿，大雪里归来。”

译文：“It was still early, about the hour of the Monkey, when Wu Ta came back, carrying his baskets over the snow.”（*61*）

按：这里因断句错误，理解也出了问题。译者把第一句断成了“天色却早，申牌时分”。申时是下午三点到五点时分，是古人吃下午饭的时候，冬天黑得早，这时也不算早了。原文中的“早”只表示时间过得快，应该译作“already”。

2. *P148*（第六回）

原文：“王婆一力撺掇，拿出一吊钱来与何九，打发众火家去。”

译文：“Old woman Wang asked Ho IX to give his men a thousand cash between them.”（*149*）

按：该处在断句上也出了问题，译者把原文理解成“王婆撺掇何九拿出一千现钞给他的人”（译文）。“撺掇”在这里是“张罗”（arrange）的意思，译者理解成了“怂恿”（ask）。“一吊钱”

译成“一千现钞”（a thousand cash），也有欠准确。这句可以考虑译作：“Old woman Wang managed to offer Ho IX a thousand coppers for his men, and then dismissed them.”

3. *P566*（第二十三回） **正月十六，孟玉楼、潘金莲、李瓶儿三人带着一簇男女上街游玩。**

原文：“女婿陈敬济踹着马，台放烟火花炮，与众妇人瞧。”

译文：“Ching-chi set off several fireworks on the mounting-stone.”（*567*）

按：这句译文非常莫名其妙。所谓“踹着马”，就是“跨着马”的意思。“台”乃“抬”的意思。译者可能把“马台”当成了一个词，望文生义地理解成了“上马石”，所以英文的意思就是“敬济在上马石上放了几个烟花”。此句或许可以译成：“Ching-chi rode a horse, carrying fireworks to set off for the ladies.”

4. *P668*（第二十八回） **潘金莲丢了鞋，被陈敬济捡到了，故意来问她丢了什么东西。**

原文：“（潘金莲）因问：‘你猜着我不见了甚么物件儿？’”

译文：“Well, you’ve guessed right this time. I have lost something.”（*669*）

按：这句译文的中文意思是：“嗯，你猜对了，我是丢了东西。”这明显不符合原意。揆其原委，应该是对原文断句出了问题：“你猜着，我不见了甚么物件儿。”问句变成了叙述句。正确的译法应该是：“What do you guess I have lost?”

5. *P864*（第三十五回）　**书童扮成女孩唱歌递酒，谢希大问他会多少南曲。**

原文："书童道：'小的也记不多几个曲子，胡乱答应爹们罢了。'"

译文："'Indeed, I know only a few,' Shu T'ung said. 'I have sung for the amusement of Uncle Ying and yourself.'"（*865*）

按："答应"是一个词，表示"伺候"的意思，可以译作"please"或"amuse"。译者把"应爹"当成了一个词，理解成了"应伯爵"（Uncle Ying）。"爹们"包括西门庆和他的朋友们，而不是单指应伯爵和谢希大。

6. *P872*（第三十五回）　**吴月娘等去吴大舅家吃三日，李瓶儿因孩子哭，被玳安提前接走，玳安回去时和琴童拿走了两个灯笼。剩下四顶轿子只有一个灯笼，潘金莲便向吴月娘说玳安势利眼。**

原文："月娘道：'奈烦，孩子家里紧等着，叫他打了去罢了。'"

译文："'Oh,' said the Moon Lady, 'how easily you get excited. They are only boys, and their master sent for her. Why shouldn't they take the lanterns?'"（*873*）

按："孩子"指官哥儿，这里理解成"孩子家"，当成玳安和琴童了。整体的意思都翻错了。

7. *P1032*（第四十三回）　**西门庆给官哥玩的四个金镯子突然丢了一个，奶子问迎春，迎春问冯妈妈，都没见。**

原文："于是走入李瓶儿房里来。李瓶儿问他：'金子你收了一锭去了？如何只三锭在这里？’西门庆道：‘我丢下就外边去看马，谁收来？’李瓶儿道：‘你没收，却往那里去了？寻了这一日没有。奶子推老冯，急的那老冯赌身罚咒，只是哭。’”

译文：“‘Did you take away one of those gold ornaments?’ she asked him. ‘There are only three here.’ ‘I went to look at the horses,’ Hsi-mên said, ‘I didn’t take anything.’ ‘Well, if you didn’t, where has one of them gone? We have been looking for it everywhere.’ ‘It was old woman Fêng who took it,’ the nurse said. Old woman Fêng began to cry and swore she had done nothing of the sort.”（*1033*）

按：最后三句都是李瓶儿的叙述语，译者断句错误，译成了奶子的话和老冯的动作。

8. *P1054*（**第四十四回**）　**夏花儿偷金镯子被抓以后，西门庆将其怒打了一顿，叫李娇儿找人马上卖了她。**

原文：“西门庆道罢，把金子交与月娘收了，就往前边李瓶儿房里去了。”

译文：“‘Stop!’ Hsi-mên Ch’ing said. He gave the piece of gold to the Moon Lady and went to the apartments of the Lady of the Vase.”（*1055*）

按：“道罢”是说完话的意思，译者理解成了“西门庆道：‘罢。’”（“Stop!” Hsi-mên Ch’ing said.）

三　语词理解错误

1. “央及”

P96（第三回）

原文：“武大道：‘你也不要吃他的才是，我们也有央及他处。他便央你做得衣裳，你便自归来吃些点心……’”

译文：“‘You ought not to eat her food,’ Wu Ta said. ‘It is our place to invite her. She asked you to make these clothes, it is true, but you should take your meals at home and not trouble her…’”（*97*）

按：这里的关键是对“央及”一词的理解，译者显然将其理解成了“邀请”，导致他把这句话译成了“应该邀请她到我们家来”（It is our place to invite her）。

2. “吃拳”

P130（第四回）

原文：“反吃他一顿好拳头。”

译文：“you'll find his fist in your mouth.”（*131*）

按：“吃”为“挨”的意思。“吃拳头”即“挨拳头揍”的意思。英文译成了“他会把拳头塞在你嘴里”，有点不合逻辑。

3. “疔疮”

P192（第八回）　**西门庆娶了孟玉楼，久未去看潘金莲。潘托王婆找他来，责怪他，要西门庆赌誓。**

原文：（西门庆说）“我若负了你，生碗来大疔疮。”

译文：“If I have forgotten you… may my body become the size of a bowl of rice.”（*193*）

按：英文的意思是：“我若负了你，身子就缩成饭碗那么大。”

P556（第二十三回）　**宋蕙莲在藏春坞与西门庆私会时议论了潘金莲，当她发现被潘金莲偷听以后，向她发誓求饶。**

原文：“随娘查访，小的但有一字欺心，到明日不逢好死，一个毛孔儿里生下一个疔疮。”

译文：“Mother, you may watch me as much as you like, and if ever you find me deceiving you, may I not die peacefully in my bed.”（*557*）

按：译者大概不知道“疔疮”是什么，这次故意把最后一句漏了。

P2180（第八十二回）　**潘金莲发现陈敬济有孟玉楼的簪子，怀疑他们两人有染，急得陈敬济赌咒发誓。**

原文：“敬济听了，急的赌神发咒，继之以哭，道：‘我敬济若与他有一字丝麻皂线，灵的是东岳城隍，活不到三十岁，生来碗大疔疮，害三五年黄病，要汤不汤，要水不水。’”

译文：“Ching-chi swore by all the gods and began to cry. ‘If

I, Ch'ên Ching-chi, have had the least little thing to do with her, may I die before my thirtieth year; may I have boils the size of bowls; when I want soup, may it turn to water, and when I want water, may there be no water. '" *(2181)*

按："生来碗大疔疮"译作"may I have boils the size of bowls"，这次又译对了。

4. **"更衣"**

P222（**第九回**） **西门庆正和皂隶李外传在酒楼上吃饭，看到武松来了**。

原文："遂推更衣。"

译文："So he pretended he wished to change his clothes." *(223)*

P388（**第十六回**）

原文："良久，西门庆下来更衣。"

译文："Soon afterwards Hsi-mên Ch'ing came down to change his clothes." *(389)*

P496（**第二十回**）

原文："不妨西门庆往后边更衣去。"

译文："Hsi-mên Ch'ing went to the back court to change his clothes." *(497)*

P1072（**第四十五回**）

原文："西门庆与桂姐说了话，就后边更衣去了。"

译文："After Hsi-mên Ch'ing had spoken to Cassia, he went to the inner court to change his clothes." *(1073)*

P1178（**第四十九回**）

原文："西门庆道：'我要往后边更更衣去。'"

译文："Then Hsi-mên told the priest that he would like to go to the inner court to change his clothes."（*1179*）

按：汉语里的"更衣"这个词，多数时候是"如厕"的委婉说法，译者将其全部按字面意思翻译成了"换衣服"。

5. "他"（他们）

P282（第十二回） **潘金莲与小厮琴童私会，孙雪娥、李娇儿告诉了西门庆，潘被责打。**

原文："且说孟玉楼打听金莲受辱，约的西门庆不在房里，瞒着李娇儿、孙雪娥，走来看望。见金莲睡在床上，因问道：'六姐，你端的怎么缘故？告我说则个。'那金莲满眼流泪，哭道：'三姐，你看小淫妇，今日在背地里白唆调汉子，打了我恁一顿。我到明日，和这两个淫妇冤仇结得有海深。'玉楼道：'你便与他有瑕玷，如何做作着把我的小厮弄出去了？……'"

译文："Meanwhile Tower of Jade, who had heard all about Golden Lotus's trouble, seized the opportunity while Hsi-mên was not there, and went to see her without the others knowing anything about it. When she came, Golden Lotus was lying on the bed. 'Do tell me what it is all about, Sister,' she said. Golden Lotus cried bitterly. 'That little strumpet has been telling tales about me. She made our husband so angry that he thrashed me. I hate those whores with a hate as deep as the ocean.' 'If you had to play tricks with the boy,' Tower of Jade said,'you might at least have made sure that I shouldn't lose him. …'"(283)

按：这段译文指称上有些混乱。译者被代词“他”弄糊涂了，不知道“他”在口语里也指“他们”。所以翻译的时候很犹豫。原文明确说是李娇儿和孙雪娥告的状，潘金莲也说她“和这两个淫妇冤仇结得有海深”，说明她知道是谁说的。那么她开头说的“小淫妇”就不是一个人。译者看到她一会儿骂“小淫妇”，一会儿说“两个淫妇”，感到指称上乱，所以在译文中模糊处理。原文的“瞒着李娇儿、孙雪娥”变成了“不让其他人知道”(without the others knowing)，“小淫妇”译作了“that little strumpet”(那个小淫妇)，“这两个淫妇”译作“those whores”(那些淫妇)。比较好的办法是把两个人的名字直译出来，孟玉楼之所以特意回避她们，是因为她也知道是谁告的密。另外“小淫妇”也应该译成“the two little strumpets”，因为英文对单复数的要求比汉语严格，“这两个淫妇”则应为“the two whores”。

另：孟玉楼的那句话“你便与他有瑕玷……”也因为一个“他”字，让译者产生了误会。其实“他”是“她们”的意思，“瑕玷”是嫌隙、不合的意思。译成“If you had to play tricks with the boy”，意思变成了“你若非要和那孩子厮缠”。这显然不是孟玉楼的原意。如果这样，安慰就变成谴责了。孟玉楼之所以这么说，是因为琴童是她的小厮。

6. “香蜡”

P374（第十六回）　**花子虚死后，李瓶儿约见西门庆，求他**

娶了自己。

原文：（李瓶儿告诉西门庆）“奴这床后茶叶箱内，还藏三四十斤沉香，二百斤白蜡，两罐子水银，八十斤胡椒椒。”

译文：“there are thirty or forty pounds of aloes, two hundred pounds of white wax, two jars of quicksilver, and eighty pounds of pepper.”（*375*）

P378（**第十六回**）

原文：（西门庆对吴月娘说李瓶儿）“他还有些香蜡细货。”

译文：“She has some incense and candles and all kinds of valuable stuff there.”（*379*）

按：这里的“香蜡”就指前面提到的“沉香”和“白蜡”。

P380（**第十六回**）

原文：“一日西门庆会了经纪，把李瓶儿的香蜡等物，都称了斤两。”

译文：“Hsi-mên Ch'ing went to see the valuers, taking with him the candles and wax and other things that belonged to the Lady of Vase.”（*381*）

按：这里把“香蜡”译成了“蜡烛和蜡”，其实所指还是前面提到的“沉香”和“白蜡”。

7. “杩桶”、“杩子”

P796（**第三十三回**）　**吴月娘伤了胎，服用了刘婆子的丸药。**

原文：“那消半夜，吊下来了，在杩桶内。”

译文：“the child was delivered into one of the pails used for

the horses." (797)

P972（第四十回） **吴月娘给王姑子讲述自己流产的经过时说。**

原文：(胎儿)"半夜里吊在杩子里。"

译文："It fell into the pail in the middle of the night." (973)

按：两处都把"杩桶"、"杩子"当成了喂马的桶。其实如果译成"chamber pot"、"commode"、"pail-closet"都是可以的。芮效卫都用的是"commode"（*The Plum in the Golden Vase*, Vol. II，P275、438）。

P2196（第八十三回） **潘金莲约会陈敬济，怕秋菊发现，就给她喝了两碗酒，倒扣在厨房中让她睡觉。不想秋菊半夜醒来撒尿，开门出来，从窗眼里看见他们三人在一起聚淫。春梅早上起来发现厨房门开了，就问秋菊，秋菊只说自己尿急，出去上了厕所。**

原文："春梅道：'成精奴才，屋里放着杩子，溺不是!'秋菊道：'我不知有杩子在屋里。'"

译文："'You slave!' Plum Blossom said, 'couldn't you see the chamber-pot in the room here?' 'I didn't know it was there,' Chrysanthemum declared." (2197)

按："杩子"这次译对了。

8. "签"（签条／签收）

P20（第一回） **十月初一，花子虚派小厮送来兄弟会的分资。**

原文："西门庆拿起封袋一看，签上写着'分资一两'。"

译文："Hsi-mên Ch'ing took the packet, examined the label upon it, and wrote a receipt for one tael of silver. "（*1939 年版P13*）

按：这里显然把"写着"理解成"打收条"了。"大中华文库"版编辑对此做了处理，改成了："Hsi-mên Ch'ing took the packet, examined the label upon it, it was one tael of silver. "

9. "生辰时节"

P162（**第七回**）　**西门庆为娶孟玉楼，去拜见杨姑娘，杨姑娘说**。

原文："娶过门时，遇生辰时节，官人放他来走走，就认俺这门穷亲戚，也不过上你穷。"

译文："Perhaps, when you are married, you will allow her to come occasionally to see her poor old aunt, on my birthday and perhaps at the Summer Festival. I don't imagine you will find my poverty infectious. "（*165*）

按："生辰时节"，就是指杨姑娘的生日和日常节日，译成"my birthday and perhaps at the Summer Festival"（生日或者夏日节）明显是有问题的。而且"Summer Festival"所指为何，也不清楚。因为下文西门庆紧接着就承诺："其四时八节，只管上门行走。"（P165 "And at the four seasons and the eight festivals, I will certainly allow her to visit you. "）可见"时节"就是一年的"四时八节"。其实"四时八节"就是年头节下的意思，不必直译，否则让英语世界的读者不明所以，以为真有这么"八个节日"呢。

10. “插戴”

P166（第七回）　**西门庆跟着薛嫂去见孟玉楼。**

原文：“到次日，西门庆打选衣帽齐整，袖着插戴，骑着匹白马。”

译文：“The next morning Hsi-mên Ch’ing dressed himself exquisitely, put his purse in his sleeve, and rode on a white horse.”（*167*）

按：“插戴”就是首饰（ornaments），不是“钱包”（purse）。后面在见面结束时，“吃了茶，西门庆便叫玳安用方盒呈上锦帕二方、宝钗一对、金戒指六个，放在托盘内送过去”（168），送的就是他出门带的东西。

11. “靛缸”

P166（第七回）　**接着上面的文字。**

原文：“不多时，到了杨家门首，却是坐南朝北一间门楼，粉青照壁。……院内摆设榴树盆景，台基上靛缸一溜，打布凳两条。”

译文：“They set off for the South Gate and soon reached the young lady’s house. The gate-house was as large as an ordinary room and had a black-and-white screen. …There were flower-pots with pomegranates in the courtyard and, on the steps, a row of blue jars and two long benches for beating cloth.”

按：这里有两处问题。一是“坐南朝北一座门楼”，译作“The gate-house was as large as an ordinary room”（门楼和普通房

子一样大），令人不解。二是“靛缸”译作“blue jars”（蓝色的缸），“靛缸”是用靛青色染布的染缸，译成“蓝色的缸”不准确，或者可作“dying jars containing blue colour”。

12. “青春”

P168（第七回） **西门庆和孟玉楼见面后，问她。**

原文：“不敢请问娘子，青春多少？”

译文：“May I know how many fruitful springs you have seen?”（*169*）

按：“青春”本来指年纪轻，也代指年轻人的年龄。英文译作“见过多少果实累累的春天”，太过牵强。

13. “焦尾靶”

P178（第七回） **西门庆派人来搬孟玉楼的箱笼，杨家的舅舅张四出来阻拦，杨姑娘与之对骂，张四骂她。**

原文：“你这嚼舌头老淫妇！挣将钱来焦尾靶！怪不得您无儿无女！”

译文：“You garrulous old whore, you want the money yourself to put a little warmth under your tail. No wander you never had any children!”（*179*）

按：“焦尾巴（靶）”在汉语里有特定意思，骂人没有孩子。译文的“给你尾巴下面一点温暖”（put a little warmth under your tail）完全是望文生义。

14. “舞翠盘”

P208（第九回） **介绍孙雪娥。**

原文：“五短身材，轻盈体态，能造五鲜汤水，善舞翠盘之妙。”

译文：“she was not very tall and her manner was sharp. But there was no kind of soup she could not make and her skill with dishes and plates was almost miraculous.”（*209*）

按：“善舞翠盘之妙”是指孙雪娥善于跳舞，与碗碟无关。翠盘是供舞蹈用的一种圆形设施。

15. “卸腿”、“别变”、“雌着”

P250（第十一回） **激打孙雪娥。潘金莲见秋菊催饭不来，让春梅去找。春梅有几分不顺，使性子走到厨下，只见秋菊在那里等着，便骂道。**

原文：“贼奴才！娘要卸你那腿哩！……”

译文：“‘You thievish slave,’ she cried, ‘mother is going to take your trousers down. …’”（*251*）

按：“卸腿”意思是“把腿打断”，而不是“脱掉裤子”（to take your trousers down）。

P840（第三十五回） **书童向西门庆告状，说平安欺负他。**

原文：“西门庆听了，心中大怒，说道：‘我若不把奴才腿卸下来，也不算！’”

译文：“Hsi-mên Ch’ing was very angry. ‘If I do not pull that slave’s trousers down,’ he said, ‘I am not fit to be called a man. ’”（841）

P850（第三十五回）　**西门庆因书童责打了平安。**

原文：“西门庆骂道：‘我把你这贼奴才！你说你在大门首，想说要人家钱儿，在外边坏我的事，休吹到我耳朵内，把你这奴才腿卸下来！’”

译文：“‘You rascally slave,’ Hsi-mên said, ‘you said you were at the gate. It is my belief that you are always trying to get money out of people and so spoiling my good name. Let me hear not so much as a whisper of anything of the sort. If I do, you shall lose your legs. ’”（851）

按：只有这里把“卸腿”译对了。

P250（第十一回）

原文：（春梅道）“有时道没时道，没的把俺娘儿两个别变了罢！”

译文：“‘Time or not time. ’ Plum Blossom said, ‘we shall see what happens. ’”（251）

按：“没的把俺娘儿两个别变了罢”这句完全没有译出来，英文“we shall see what happens”是“我们等着瞧”的意思。“别变”是“打发”、“处置”的意思，这句话是说：“有本事把我们娘儿们也打发了吧。”

P250（第十一回）　**潘金莲见春梅拉着秋菊进来。**

原文：（春梅说）“我去时，还在厨房里雌着，等他慢条厮礼儿才和面儿。”

译文：“When I got to the kitchen, she was acting the lady in

there, waiting while they slowly stirred the flour."(251)

按："雌着"也作"瓷着"，就是"发呆"、"磨蹭"的意思。这里译作"摆太太谱"(was acting the lady)，应属望文生义，对"雌"的方言意思不明白。

16. "净手"、"东净"、"小净手"

P370（第十六回）　**李瓶儿约见西门庆，西门庆见面后对李瓶儿说。**

原文："我恐怕你这里等候，小厮去时，教我推净手，打后门跑了。"

译文："I thought you would be waiting for me, and, as soon as the boy came, I said I was going to wash my hands. I slipped away through the back-door."(371)

按："净手"在英文中都译成了"洗手"。

芮效卫译作："I pretended to have to go to the bathroom and made my escape through the back door."(*The Plum in the Golden Vase*, Vol. I, P317)译成"洗手"，说明译者不理解这个词的真实含义。

P1014（第四十二回）　**正月十五在狮子街楼上看灯。**

原文："伯爵打了双陆，下楼来小解净手。"

译文："When Ying Po-chüeh had finished his game of backgammon, he went downstairs to wash his hands."(1015)

按："小净手"指"小便"，不能直译成"wash his hands"。

P554（第二十三回）　**宋蕙莲和西门庆私会，一夜未归。早**

上回来，碰见平安儿从厕所出来，两人开始磨牙斗嘴。

原文："这妇人怀着鬼胎，走到前边。正开房门，只见平安从东净里出来，看见他只是笑。"

译文："As for Wistaria, it was as though she carried a ghost child in her womb. In the outer court she met P'ing An coming from the rooms on the east side. He looked at her and smiled."（*555*）

按："东净"亦叫"东厮"，就是"厕所"的意思，未必都设在东边，故译作"东边的房子"（the rooms on the east side），显然不对。

P588（**第二十五回**）

原文："东净里砖儿——又臭又硬。"

译文："Such women are like the privy floor. They stink, but they hold their ground."（*589*）

按：这里把"东净"译作"privy"，算是对了。但后面的意思则有些走样。

P1138（**第四十八回**）

原文："下边不拘做马坊，做个东净，也是好处。"

译文："we can use the inside either as a stable or as a privy."（*1139*）

按：这一处也译对了。

P652（**第二十七回**）

原文："这西门庆起身，脱下玉色纱褂儿，搭在栏杆上，径往牡丹台畔花架下，小净手去了。"

译文："Hsi-mên Ch'ing rose, and took off his jade-coloured

light gown. He hung it on the trellis, and went to wash his hands by the peony arbour."(653)

17. "大剌剌"

P438（第十八回） **西门庆对着潘金莲骂李瓶儿，嫌她招赘招了蒋竹山，还让他开起了药铺。**

原文："教他在我眼面前开铺子，大剌剌的做买卖!"

译文："and give him the money to open a medicine-shop right in front of me? And the business seems to be doing well!"(439)

按：把"大剌剌的做买卖"译成"生意看上去很好"(the business seems to be doing well)，显然误解了这个词的意思。

芮效卫译作："and set him up with the capital to open a rival store and start doing business, as cool as you please, right under my nose?"(*The Plum in the Golden Vase*, Vol. I, P373）比较准确。

18. "脚带"、"裹脚"

P464（第十九回） **李瓶儿嫁到西门庆家，西门庆故意冷落她。**

原文："这妇人见汉子一连三夜不进他房来，到半夜，打发两个丫鬟睡了，饱哭了一场，可怜走到床上，用脚带吊颈，悬梁自缢。"

译文："Seeing that for three nights her husband kept away from her, the Lady of the Vase told her two maids to go to sleep, and, after sobbing for a long while, she stood upon her bed, and fastening her shoe-laces to the beam, tried to hang herself."(465)

按："脚带"是指女性的裹脚布（foot bindings），因是长条形，故称。译成鞋带不但不准，也不符合实际。古代女性的三寸金莲，基本没有鞋带。第十八回写西门庆带醉回家，妻妾女儿们正在月下跳马索，见他回来，都往后走，"只有金莲不去，且扶着庭柱兜鞋"(428)。"兜鞋"是提鞋后跟的意思，英文却译作"but Golden Lotus leaned against a pillar and began to tie her shoe-laces"(429)。应该译作"to pull her shoes"。同样的道理，女性的鞋子基本没有鞋带，故译成系鞋带既没遵照原文，也不合实际。

P556（**第二十三回**）　**宋蕙莲发觉潘金莲偷听了她和西门庆私会时的谈话，心里很害怕。**

原文："蕙莲小意儿在傍拿抿镜，掇洗手水，殷勤侍奉。金莲正眼也不瞧他。蕙莲道：'娘的睡鞋裹脚，我卷来收了去。'"

译文："and Wistaria served her most attentively, holding the mirror, carrying hot water and doing one thing and another. Golden Lotus never so much as glanced at her. 'May I put your sleeping-shoes under the bed-clothes?' Wistaria said."(557)

按：英文把"裹脚"译成了"被褥"，意思变成："我把娘的睡鞋放在被褥下面。"正确的译法应该是："May I collect your sleeping-shoes and the foot bindings?"

P632（**第二十六回**）　**宋蕙莲第二次自杀。**

原文："可怜这妇人忍气不过，寻了两条脚带，拴在门楹上，自缢身死。"

译文："Wistaria could bear no more. She took two long

ribbons, like those used for binding the feet, tied them to the lintel of the door, and hanged herself."(633)

按：这里又把“脚带”译成了“两根长带子”（two long ribbons）。这都说明译者并不知道“脚带”为何物。

19. “冻死” /“饿死”

P552（第二十三回） **西门庆和宋蕙莲在藏春坞洞儿里私会，洞里较冷，宋蕙莲戏骂西门庆。**

原文：“口里衔着条绳子，冻死了往外拉。”

译文：“You are like a man who swallows a long string so that when he comes to die of starvation somebody will pull him out."(553)

按：因为藏春坞里冷，宋蕙莲说他们“走在这寒冰地狱里来了”，所以才有“冻死”之说。翻译成“饿死”（to die of starvation），与情景不合。

20. “簸箕”

P554（第二十三回） **平安儿知道了宋蕙莲和西门庆的事儿，就拿她调侃。**

原文：“嗔道五娘使你门首看着卖簸箕的，说你会咂得好舌头。”

译文：“And she sent you to the gate to find a basket-seller because you are so good at putting one and one together."(555)

按：“簸箕”不是“篮子”（basket），它有“舌头”（即一条和簸箕口同宽的薄木片），便于往簸箕里揽东西，所以平安儿才提到“卖簸箕”。编簸箕也叫“扎簸箕”，编成的时候要安舌头，也就是“扎舌头”（谐音“咂舌头”），这里是双关的意思。

21. “清明”

P580（**第二十五回**）

原文：“话说灯节已过，又早清明将至。”

译文：“The Feast of Lanterns was over and the Festival of Spring had come again.”（*581*）

P1140（**第四十八回**）

原文：“清明日上坟，要更换锦衣牌匾，宰猪羊，定桌面。”

译文：“At the Festival of the Dead he proposed to visit the grave and change the tablet. He prepared pigs and sheep and food.”（*1141*）

P2310（**第八十九回**）

原文：“且说一日，三月清明佳节，吴月娘备办香烛、金钱冥纸、三牲祭物，抬了两大食盒，要往城外坟上与西门庆上新坟祭扫。”

译文：“At the Festival of Pure Brightness in the third month, the Moon Lady prepared incense, candles, paper money, and other things and went outside the city to offer them at her dead husband's grave.”（*2311*）

P2312（**第八十九回**）

原文：“清明何处不生烟，郊外微风挂纸钱。”

译文："It is the festival of Spring/And mist is everywhere. Outside the town the gentle breeze blows away the paper money/And hangs it in the trees."（*2313*）

P2312

原文："月娘插在香炉内，深深拜下去，说道：'我的哥哥，你活时为人，死后为神。今日三月清明佳节，你的孝妻吴氏三姐、孟三姐和你周岁孩童孝哥儿，敬来与你坟前烧一陌钱纸。…'"

译文："She first put incense in the burner and bowed before the grave. 'Brother,' she said, 'when you were alive, you were a man; now you are a spirit. Today is the Festival of Spring. Your dutiful wife Wu, sister Mêng, and your son Hsiao Ko, who is now a year old, have come to your grave to burn paper money for you. …'"（*2313*）

P2314

原文："春梅便说：'我梦见我娘向我哭泣，说养我一场，怎地不与他清明寒食烧纸，因此哭醒了。'"

译文："Plum Blossom said, 'and in my dream, my mother came to me. She cried and said to me that she brought me up, yet I was not going to burn paper offerings for her at the Festival of Spring. Then I cried and awoke.'"（*2315*）

P2318

原文："小和尚说：'这寺后有小奶奶的一个姐姐，新近葬下，今日清明节，特来祭扫烧纸。'"

译文："'A little while ago,' the young monk said, 'the young

lady buried one of her sisters. It is the Festival of Spring today and she has come to burn paper offerings. '"(2319)

P2352（**第九十一回**）　**李衙内派官媒陶妈妈来向孟玉楼提亲。陶妈妈道。**

原文："'衙内小老爹说，清明那日，郊外曾看见来，是面上有几点白麻子的那位奶奶。'"

译文："My young master told me that he saw her in the country at the Spring Festival. She has a few marks on her face."(2353)

按：对于清明节，从上边所举的例子可以看出，译者用了四种译法："the Festival of Spring"、"the Festival of the Dead"、"the Festival of Pure Brightness"、"the Spring Festival"。特别是最后一种译法，现在通常指中国传统的春节。书中其他地方出现"清明"，则都译作"the Festival of Spring"。

22. "盐商"/"碱商"

P588（**第二十五回**）

原文："西门庆前边陪着乔大户说话，只为扬州盐商王四峰，被按抚使送监在狱中，许银二千两，央西门庆对蔡太师讨人情释放……"

译文："Meanwhile, in the front court, Hsi-mên Ch'ing had been talking to Master Ch'iao, who had come on behalf of a certain Wang Ssŭ-fêng, a soda-merchant of Yang-chou, who had been put in prison by the magistrate of that district. Ch'iao had brought two thousand taels of silver and wanted Hsi-mên Ch'ing to approach the Imperial Tutor, and secure the soda-merchant's release." *(589)*

按："盐商"译成"soda-merchant"（碱商），显然不对。P601（同回）仍是译作"soda-merchant"。

P636（**第二十七回**）　**来保从东京回来，给西门庆汇报。**

原文："老爷分付：不日写书，马上差人下与山东巡按侯爷，把山东沧州盐客王霁云等一十二名寄监者，尽行释放。"

译文："His Eminence said: 'I will send at once to the Governor of Shan-tung and ask him to liberate the salt merchant Wang Chi-yün of Cang-chou and the others.'" *(637)*

按：这里把"盐客"又译成了"the salt merchant"，终于对了。第三十回西门庆派来保上京送生辰纲时，向翟主管表示对盐客王四之事的感谢，"盐客"也译成了"the salt merchant"。

23. "摆"

P254（**第十一回**）　**孙雪娥挨打后，去向吴月娘诉说，并骂潘金莲。**

原文："当初在家，把亲汉子用毒药摆死了，跟了来，如今把俺们也吃他活埋了。"

译文："She poisoned her husband, and now she wants to bury us alive." *(255)*

按：这里因原文有"毒药"两字，所以"摆死"没有译走样。但到了同页的下文，当潘金莲偷听了孙雪娥的话后，进来和她对骂。

P254（**第十一回**）

原文："比对我当初摆死亲夫，你就不消叫汉子娶我来家，省得我攔拦着他，撑了你的窝儿。"

译文："'Let us suppose I did murder my husband,' she said, looking straight at Beauty of the Snow. 'Why didn't you do something to prevent your husband from marrying me? There would have been no question then of my getting him all for myself and your nest being empty.'"

按：这里没有了"毒药"两字，翻译上便走样了，译成了"谋杀"。译者明显不知道"摆"有下毒的意思。

P256（**第十一回**）　**西门庆回家后，潘金莲向他告状。**

原文："自恁跟了你来，如何今日教人这等欺负？千也说我摆杀汉子，万也说我摆杀汉子！"

译文："They said I had murdered my husband."（*257*）

按：也是糊涂了事，没有译出毒杀的意思。

P590（**第二十五回**）　**来旺发现了西门庆与宋蕙莲的奸情后，喝了酒在其他家人面前骂西门庆。**

原文："潘家那淫妇，想着他在家摆死了他汉子武大。"

译文："that whore P'an murdered her husband Wu Ta."（*591*）

按："摆"是下毒的意思，译成"谋杀"有些含糊了。来旺这样说，表明他是知情人。若含糊处理，他知情的程度就减弱了。

P592（**第二十五回**）　**来兴与来旺关系不睦，听了来旺骂的**

话，便向潘金莲告密。

原文："又说五娘那咱在家，毒药摆杀了亲夫，多亏了他上东京去打点，救了五娘一命。"

译文："He says you poisoned your first husband and sent him to the Eastern Capital to hush up the matter."（*593*）

按：可以看出，当原文里出现"毒药"两字时，英文都把"摆"译作"poison"，当没有"毒药"而只有"摆死"、"摆杀"字样时，都译成了"murder"。P596 潘金莲当晚对西门庆倾诉："这奴才欺负我，不是一遭儿了。说我当初怎的用药摆杀汉子，你娶了我来，亏他寻人情，搭救出我性命来，在外边对人揭条。"英文用的也是"poison"。

24. "首尾"

P596（第二十五回）　**潘金莲向西门庆诉说了来兴的话，骂他不该偷奴才的媳妇。西门庆矢口否认他们有关系。**

原文："谁和那厮有首尾?"

译文："Who has been telling tales?"（*597*）

按："有首尾"相当于今天俗语说的"有一腿"，指男女之间的特殊关系。似乎应译成："Who has any relation with the wretch?"

25. "戟门"

P602（第二十六回）　**篇首诗第二首前两句。**

原文："夜深闷到戟门边，却绕行廊又独眠。"

译文："The night is dark and hides the spears beside the gate / I wander through the corridors and sleep alone."（603）

按："戟门"有两重意思，一指富贵人家装饰很盛的大门，一指墓前的石门。这里显然取第一层意思。诗的原意是到门口徘徊，英文译成"夜色掩藏了门旁的戟"，应该是没有理解"戟门"是一个词，连带着把"闷"理解成了"遮掩"。

26. "夹棍"

P612（第二十六回）　**西门庆陷害来旺。**

原文："夏提刑即令左右选大夹棍上来，把来旺儿夹了一夹。"

译文："The magistrate ordered his attendants to pick out the cruellest thumbscrews they could find and apply them to Lai Wang."（613）

按："夹棍"不是"拶指"（thumbscrews），当译成"clamp rods"。

P638（第二十七回）　**宋仁听说女儿宋蕙莲自杀，到化人场阻拦，西门庆托人找到李知县，把宋仁拿到县里。**

原文："当厅一夹二十大板，打的鲜血顺腿淋漓。"

译文："He was brought in fetters to the Hall of Audience and there given twenty strokes so severe that the blood flowed down his legs in streams."（639）

按："一夹"即用夹棍夹了一次腿，译文里把"一夹"漏了。

27. “常远”

P614（第二十六回）　**宋蕙莲向西门庆给来旺儿求情。**

原文：“我的亲达达，你好歹看奴之面，奈何他两日，放他出来，随你教他做买卖，不教他做买卖也罢。……我常远不是他的人了。”

最后一句译文：“I have not belonged to him for a long time.”（*615*）

按：“常远”是“永远”的意思，不是“很久”。译文理解成“我很久都不属于他了”、“我早不是他的人了”。

28. “颈”

P660（第二十八回）

原文：“西门庆一手搂过他粉颈，一递一口和他吃酒，极尽温存之态。”

译文：“Hsi-mên caressed her white throat with his hand, and they drank their wine, one from the other’s mouth. They were profoundly happy in their love.”（*661*）

按：“颈”应该是“neck”，译成“喉”（throat）有卡脖子灌酒的感觉。

29. “花花黎黎”

P680（第二十九回）　**孟玉楼、潘金莲、李瓶儿一起做鞋，潘金莲问孟玉楼“使甚么云头子”。**

原文：“玉楼道：‘我比不得你每小后生，花花黎黎。……’”

译文："'Oh, I am not like you two children,' Tower of Jade said. 'You must have lots of flowers and pretty things. …'"（681）

按："花花黎黎"就是"花花绿绿"，颜色鲜艳、图案花哨的意思。后一句应改为："You like colorful patterns."

30. "大姐" / "大姐姐"

P680（第二十九回）　**孟玉楼说起铁棍被打之事。**

原文："落后小铁棍儿进来，大姐姐问他：'你爹为什么打你?'小厮才说……早是只李娇儿在傍边坐着，大姐没在跟前；若听见时，又是一场儿。"

译文："some time afterwards Little Iron Rod came along and the Great Lady asked him why Father had beaten him. … Fortunately, only Picture of Grace was there, and not the Great Lady, or there would have been trouble."（681）

按：这段原文出现了两个词——"大姐姐"和"大姐"。西门庆的妾一般称吴月娘为"大姐姐"，但"大姐"特指西门庆的女儿。所以在孟玉楼的叙述中，先是吴月娘（大姐姐）问铁棍为什么挨打，铁棍给她说了经过。接着孟玉楼就补充说吴月娘问的时候只有李娇儿在旁边，幸亏西门大姐（大姐）不在，否则她要听说这事跟陈敬济有关，肯定会与丈夫吵架。译文把西门大姐误当成了吴月娘，前面说问铁棍的是她，后面又说她不在场，让人看了一头雾水。

31. “俺每” / “俺”

P724（第三十回）　**李瓶儿要生产，孟玉楼叫潘金莲和她一起进去看看，潘不愿去，还说风凉话。**

原文：“俺每是买了个母鸡不下蛋，莫不吃了我不成！”

译文：“I'm one of those hens which never lays an egg, yet does anybody dare to eat me?”（*725*）

按：“俺每”就是“俺们”，潘金莲这话里包含了孟玉楼，因为这两个人都没有生养孩子。译成“我”显然不对。

P760（第三十二回）　**西门庆约好后天请乔亲家、二位老舅等和十兄弟聚会。**

原文：“伯爵道：‘说不得，俺每打搅得哥忒多了。到后日，俺两个还该早来，与哥做副东。’”

译文：“‘Though I realise that I am troubling you too greatly,’ Po-chüeh said, ‘I will come to assist you in receiving the guests.’”（*761*）

按：这里也没有把“俺每”当成“俺们”，只译成了“I”。后一句明明说是“俺两个”，但译文还是“I”。

32. “姑娘”

P762（第三十二回）　**李桂姐要认作吴月娘的义女。**

原文：“进来先向月娘笑嘻嘻拜了四双八拜，然后才与他姑娘和西门庆磕头。”

译文：“She went in smiling, and kotowed four times to the Moon Lady, then to her and Hsi-mên Ch'ing together.”（*763*）

按：英文里漏了个关键词“姑娘”，所以句子上读不通。译者大概把“姑娘”理解成了吴月娘，英文的意思就变成先给吴月娘磕了四个头，然后又对着吴月娘和西门庆一起磕了头。其实这里的“姑娘”是“姑姑”的意思，按妓院里的辈分，李桂姐是李娇儿的侄女，所以她在拜吴月娘为干娘时，也给李娇儿行了个礼。接下来的唱曲活动中，小说特意写了一笔：“月娘和李娇儿对面坐着。”（764）

33. “刑法”

P768（**第三十二回**）　**应伯爵不让郑爱香和吴银儿唱曲，叫她们到席上递酒。**

原文：“教玳安：‘过来，你替他把刑法多拿了。’一手拉着一个，都拉到席上，教他递酒。”

译文：“Come here, Tai An; bring the thumbscrews, and let them have a taste. Then they may serve the wine.”（769）

P776（**第三十二回**）　**应伯爵和李桂姐笑骂。**

原文：“又道：‘且休教他递酒，倒便益了他。拿过刑法来，且教他唱一套与俺每听着。他后边躲了这会滑儿也勾了。’”

译文：“Then he added: ‘Don’t let her pass the wine. It is too good a job for her. Let us have the musical instruments and she shall sing a song for us. She has spent quite long enough in the inner court.’”（777）

按：“刑法”指乐器，上举第一例翻译成了刑具“拶指”（thumscrews），第二例译成了“乐器”。

34. “戒饬”

P836（第三十五回）　**车淡等人捉奸遇上麻烦后，找到花子由，托李瓶儿为其开脱。西门庆第二天和夏提刑商量。**

原文：“夏提刑道：‘也有人到学生那边，不好对长官说。既是这等，如今提出来，戒饬他一番，放了罢。’”

译文：“‘I have had a number of visits too,’ said Hsia,‘but I hesitated to mention the matter to you. Since you have spoken of it, however, I suggest we have them before us, give them a beating, and let them go.’”（*837*）

按：“戒饬”是教训、批评的意思，不是“打一顿”（give them a beating）。译文理解错误。从小说原文看，对这些人并没有打就放了。（“西门庆道：‘长官见得有理。’即升厅，令左右提出车淡等犯人跪下，生怕又打，只顾磕头。西门庆也不等夏提刑开言，就道：‘我把你这起光棍，如何寻这许多人情来说？本当都送问，且饶你这遭。若再犯了我手里，都活监死。出去罢！’连韩二都喝出来了。往外金命水命，走投无命。”）

35. “松虎儿”

P840（第三十五回）　**平安听说西门庆为书童要打他，赶紧向潘金莲求助。潘让春梅去叫西门庆。**

原文：（春梅）“刚转过松墙，只见画童儿在那里弄松虎儿。”

译文：“As the maid passed the hedge, she saw Hua T’ung making a pine tiger.”（*841*）

按：“弄”指“逗弄”、“玩弄”，可译作“tease”、“tantalize”、

"play with"，而不是"制作"（make）。"松虎儿"是松树上的毛虫（caterpillar），翻译成"松树老虎"（pine tiger）令人不知所云。

36. "做三日" / "吃三日"

P842（**第三十五回**）　**潘金莲跟西门庆要拜钱。**

原文："金莲道：'巴巴的关着门儿写礼帖？甚么机密谣言，甚么三只腿的金刚、两个鯨角的象，怕人瞧见？明日吴大妗子家做三日，掠了个帖子儿来，不长不短的也寻件甚么子与我做拜钱。'"

译文："'Why shut the door to write a visiting-card?' Golden Lotus cried. 'What secret, important words do you need for that? What three-legged Indra, or two-horned elephant, do you hide away in there that you are afraid someone may go in and see it? Tomorrow is Uncle Wu's birthday and we have all been invited to go there. Without making any bones about it, you can find something for me to offer when I go.'"（*843*）

按："做三日"是指新媳妇过门第三天认亲戚的礼仪，并不是"吴大舅的生日"（Uncle Wu's birthday）。第三十五回对此事有过铺垫。当日西门庆从永福寺送须坐营回来，问有没有人来找。"书童道：'没有。管屯的徐老爹，送了两包螃蟹，十斤鲜鱼。小的拿回帖打发去了，与了来人一钱银子。又有吴大舅送了六个帖儿，明日请娘们吃三日。'原来吴大舅子吴舜臣，娶了乔大户娘子侄女儿郑三姐做媳妇儿。西门庆送了茶去，他那里来请。"（838）

37. “残红”

P862（第三十五回）　**西门庆让书童扮成女孩，给应伯爵递酒，唱《玉芙蓉》。**

原文：“残红水上飘，梅子枝头小。”

译文：“Red withered leaves swirl down towards the water / Though the plums are still young upon the branches.”（*863*）

按：“残红”指“落花”，不是“红叶”。红叶为秋季景象，而梅子尚小为残春景色。

38. “挽手儿”

P924（第三十八回）　**西门庆应约要去会王六儿。**

原文：“西门庆叫玳安伺候马，带上眼纱，问：‘棋童去没有?’玳安道：‘来了，取挽手儿去了。’不一时，取了挽手儿来，打发西门庆上马，径往牛皮巷来。”

译文：“Hsi-mên Ch’ing told Tai An to saddle his horse. He put on his eye-shades and asked if Ch’i T’ung had gone. ‘He came and took the net for the wine-jar and went off with it,’ Tai An said. He helped Hsi-mên Ch’ing on to his horse, and they set out for Ox-hide Alley.”（*925*）

按：“挽手儿”是“马鞭”（whip），译者可能理解成了“提手”，故英文译作“提酒坛的网兜”（the net for the wine-jar），让人不知所云。

39. “小太乙”

P962（第三十九回） **当西门庆在玉皇庙给官哥寄名后，吴道官给其取名为吴应元，孟玉楼给孩子穿上庙里送来的小道服。**

原文：“玉楼抱弄孩子说道：‘穿着这衣服，就是个小道士儿。’金莲接过来说道：‘甚么小道士儿，倒好相个小太乙儿！’被月娘正色说了两句道：‘六姐，你这个甚么话，孩儿们面上，快休恁的。’那金莲讪讪的不言语了。”

译文：“Tower of Jade held the baby and played with him. ‘Now that you are wearing these clothes,’ she said to him, ‘you are a little priest.’ ‘A little priest indeed!’ Golden Lotus said, ‘rather the Great Omnipotent himself.’ ‘Why do you say a thing like that?’ the Moon Lady said seriously. ‘You must not talk in that way in the child’s presence.’ Golden Lotus was abashed and said no more.”（*963*）

按：“小太乙”谐音“小太医”，潘金莲居心不善，怀疑这孩子是蒋竹山的。所以吴月娘听了很不满，批评了她。译者完全没有理解这层意思，把“小太乙”译作“the Great Omnipotent”（太乙天尊），没有译出潘金莲的话外之音。

40. “卷子”

P988（第四十一回） **西门庆告诉庞春梅，说他十四日要请众官员娘子，让春梅等出去递酒。**

原文：“春梅道：‘娘们都做了新衣裳，陪侍众官户娘子便好看。俺们一个一个只像烧煳了卷子一般，平白出去惹人家笑话。'"

译文："'The ladies will all be dressed in their new clothes,' Plum Blossom said. 'They will be very smart, and we shall look like burned paper. Everybody will laugh at us.'"（*989*）

按："卷子"是一种面食，所以说"烧糊了"。译者把"卷子"理解成"纸卷"，所以译成了"burned paper"。

41. "扁（匾）食"

P1002（第四十一回）　**潘金莲听说西门庆在李瓶儿房里，回到房里拿秋菊撒气，骂道。**

原文："党太尉吃匾食，他也学人照样儿欺负我。"

译文："she is like Grand-Marshal Tang eating a tablet. She thinks she will put on airs and annoy me."（*1003*）

按："匾食"即"扁食"，就是饺子。译者不理解，译成了"牌匾"（tablet）。

42. "多咱"

P1008（第四十二回）　**正月十五李桂姐来到西门庆家，发现吴银儿早来了——前一天已认了李瓶儿作干娘了。**

原文："李桂姐只到次日才来，见吴银儿在这里，便悄悄问月娘：'他多咱来的？'月娘如此这般告他说：'昨日送了礼来，拜认你六娘做干女儿了。'"

译文："When, next day, Cassia came and found Silver Maid already there, she asked the Moon Lady why she had come. The

Moon Lady told her what had happened. ”（1009）

按：“多咱”是“何时”的意思，译者理解成了“why”。

43. “瓯子”

P1058（第四十四回）　**吴银儿在李瓶儿屋里下棋喝酒，要叫奶子也来喝一口。**

原文：“李瓶儿道：‘教他搂着孩子睡罢，拿一瓯子酒，送与他吃就是了。……’ ”

译文：“‘Yes, she must look after the baby,’ said the Lady of the Vase. ‘Take a jar of wine to her…’”（1059）

按：“瓯子”是杯子，而不是坛子。

P1122（第四十七回）

原文：“玳安只吃了一瓯子就走了。”

译文：“The boy drank one cup of wine and went away.”（1123）

按：这次就译对了。

44. “越发”

P1070（第四十五回）　**李桂姐家保儿来接，她急着想回去。吴月娘挽留她。**

原文：“月娘再三留他道：‘俺每如今便都往吴大妗子家去，连你每也带了去，你越发晚了从他那里起身，也不用轿子，伴俺每走百病儿，就往家去便了。’ ”

译文：“The Moon Lady objected. ‘We are all going to Aunt

Wu's house,' she said, 'and I want you to come with us. You will be too late to go home today. We shall come back without our chairs, for we are going to take the walk to banish the hundred illnesses.'"(*1071*)

按："越发"是"索性"的意思。该句可译为："You'd better go home from her house in the evening."

45. "梅香"、"啾唧"

P1106（**第四十六回**）　**老婆子卜龟卦，说吴月娘。**

原文："别人睡到日头半天还未起，你老早在堂前转了。梅香洗铫铛，虽是一时风火性，转眼却无心，和人说也有，笑也有。只是这疾厄宫上着刑星，常沾些啾唧。亏你这心好，济过来了，往后有七十岁活哩。"

译文："In the early morning, when others are asleep, you burn fresh incense and wash the tripods. This while others sleep till the sun is long risen. Although by nature you are very quick, like wind and fire, yet you forget about a thing in a twinkling and you are ready to talk and laugh with anybody. There is a star of ill omen in the palace of diseases. You have to suffer from the babble of others. But you have a good heart, and so can overcome this, and you will live till you are seventy."(*1107*)

按：(1)"梅香"是丫鬟的代名词，《红楼梦》里就有"梅香拜把子——都是奴儿"的歇后语。译成"焚新香"(burn fresh incense)纯属望文生义。(2)"啾唧"是因病呻吟的意思，这句说吴月娘经常会有些小病小痛（解释“疾厄宫上着刑星”）。英文的意思成了“不得不忍受别人的嘀咕”（have to suffer from the babble of others）。

46. “门子”

P1154（第四十八回）　**为苗员外的官司，曾御史参了西门庆等，西门庆派来保到东京找翟管家求蔡京。翟管家给了回信，陈敬济念不顺。**

原文：“那书童倒还是门子出身，荡荡如流水不差，直念到底。”

译文：“Then Shu T'ung was sent for, and he read it with perfect ease from start to finish, for he had come from a wealthy household and had been well taught.”（*1155*）

按：“门子”是衙门小吏，译者理解成了“富贵人家”（a wealthy household）。

47. “岭表”

P1160（第四十九回）　**蔡京让陕西御史宋盘劾奏曾御史。**

原文：“将孝序除名，窜于岭表，以报其仇。”

译文：“His name was cut out of the roll and he was banished to the Salt Mountain. So did the Imperial Tutor get his revenge.”（*1161*）

按：“岭表”指五岭之南，译作“盐峰”（Salt Mountain）令人不解。

48. **“府”**

P1160（**第四十九回**）　**西门庆和夏提刑到新河口迎接巡盐蔡御史与巡按宋御史。**

原文：“先到蔡御史船上拜见了，备言邀请宋公之事。蔡御史道：‘我知道。一定同他到府。’”

译文：“They went on board the boat and told Ts’ai that they would like to invite his colleague Sung. Ts’ai agreed and said that it was their intention to visit the office of the prefecture together.”（*1161*）

按：“府”即府上，是对别人宅子的尊称。这里直接译成了“官府”（the office of the prefecture）。

49. **“白酒”**

P1248（**第五十一回**）

原文：“买烧鸭子白酒咱每吃。”

译文：“we will buy roast duck and white wine and enjoy them together.”（*1249*）

P1278（**第五十二回**）　**李瓶儿添钱，和陈敬济输的钱一起，让来兴采买食物。**

原文：“教来兴儿买了一只烧鸭、两只鸡、一钱银子下饭、一坛金华酒、一瓶白酒、一钱银子果馅凉糕。”

译文：“They asked Lai Hsing to buy a roast duck, two chickens, a jar of Chin Hua wine, a bottle of white wine, fruit pies and other things.”（*1279*）

按："白酒"是"spirit"，译成"white wine"（白葡萄酒）不合原意。

50. "龙象"

P1358（第五十七回）　**开篇诗。**

原文："如闻龙象泣，足令信者哀。"

译文："As though he heard the mourning of the dragons and the elephants / And the hearts of the faithful are filled with sadness."（*1359*）

按："龙象"是佛教术语，指阿罗汉中修行勇猛有最大能力者。译者就字面意思译成了"龙和象"。

51. "菽水"

P1392（第五十八回）　**西门庆约定要聘文秀才，临别时对他说。**

原文："学生每月奉上束修，以备菽水之需。"

译文："Every month I shall offer a small sum for your beans and water."（*1393*）

按："菽水"表面意思是豆子和水，但其实是形容清贫的生活，不该照字面直译，会让人不知所云。

52. "小米"、"酱瓜"

P1412（第五十八回）　**潘金莲问磨镜子的老头。**

原文："金莲叫那老头子问：'你家妈妈儿吃小米儿粥

不吃？’”

译文：“Golden Lotus said: ‘Would your wife like some gruel made of small grain?’”（1413）

P1412（**第五十八回**）　**接下来。**

原文：“金莲也叫过来安儿来：‘你对春梅说，把昨日你姥姥捎来的新小米儿量二升，就拿两根酱瓜儿出来，与他妈妈儿吃。’”

译文：“Golden Lotus told Lai An to ask Plum Blossom for two measures of new small grain from that which old woman P'an had brought her, and two dried melons.”

按：“小米”的英文是“millet”，译成“small grain”很奇怪。“酱瓜”应译为“preserved melons”，而不是“瓜干”（dried melons）。

53. “科范”

P1670（**第六十七回**）　**李瓶儿死后，西门庆勾搭上了奶子如意儿，常偷偷溜进来私会。**

原文：“西门庆要茶吃，两个已知科范，连忙撺掇奶子进去和他睡。”

译文：“When he asked for more tea, the maids were too sleepy to wish to get it. They told Heart's Delight to hurry.”（1671）

按：“科范”是“规矩”和“套路”的意思，译者误当成“瞌睡”了，故把全句翻译成了：“两个丫鬟太瞌睡，不肯去倒茶，便催如意儿快点去。”“两个已知科范”可译为“the two maids knew what he meant”。

54. “头脑汤”

P1796（第七十一回） **西门庆在何太监家里吃早饭。**

原文：“吃了粥，又拿上一盏肉员子馄饨鸡蛋头脑汤。”

译文：“They were served with gruel; then with pies stuffed with forcemeat, and soup of chickens' brains.”（*1797*）

按：“肉员子馄饨鸡蛋头脑汤”是用肉丸子包的馄饨加鸡蛋做成的汤食。这本是一种食品，但译者理解成了两种食品：肉馅饼（pies stuffed with forcemeat）、鸡脑汤（soup of chickens' brains）。之所以叫“头脑汤”，大概是因为吃了能让人头脑暖和。明代朱国祯《涌幢小品》：“凡冬月客到，以肉及杂味置大碗中，注热酒递客，名曰头脑酒。”二者功用应该是一样的，只不过一个是汤，一个是酒。

55. “宫刑”

P1846（第七十二回） **西门庆因李桂姐背地继续和王三官纠缠，心中恼她，不许上门。李铭上门求情，发誓说自己是无辜的。**

原文：“说道：‘爹再访，那边事小的但有一字知道，小的车碾马踏，遭宫刑揲死。……’”

译文：“‘Father,’ he said, ‘you must think about this again. If I had anything to do with that business, may my bones be broken to pieces by horses or carts, and may I die at the hand of the executioner…’”（*1847*）

按：译者大概不知道“宫刑”是什么，翻译时回避了。“宫刑”是一种废除男子性能力的刑法，也叫“去势”。

56. “掏（淘）气”

P1926（第七十五回）　**孟玉楼决定把管账的事交给潘金莲，对西门庆说。**

原文：“象这清早辰，得梳个头儿？小厮你来我去，称银换钱，气也掏干了。饶费了心，那个道个是也怎的！”

译文：“In the morning, when I am dressing my hair, the boys come in and out, measuring silver and getting change. It takes my breath away and uses me up. And nobody even says: ‘Well done!’”（*1927*）

按：“气也掏干了”就是“淘死气了”、“麻烦死了”的意思，可译成：“It is so boring.”译成“把我的气耗尽了”（It takes my breath away and uses me up），显然不对。

57. “恶水缸”

P1952（第七十六回）　**孟玉楼劝吴月娘别和潘金莲一般见识。**

原文：“玉楼道：‘娘，你是个当家人，恶水缸儿，不恁大量些，却怎样儿的！……’”

译文：“Mother, you are the mistress here. You are the source from which we draw our water, and you must not be ungenerous. …”（*1953*）

按：“恶水缸”就是泔水缸，意思是什么都能装，比喻胸怀宽广，气量大。英文译成了“你是我们的取水之源”（You are the source from which we draw our water）。

58. “小老婆”、“气长”

P1970（**第七十六回**）　**潘金莲与吴月娘吵架后，西门庆第二天来看她，潘金莲委屈地说。**

原文：“趁将你家来，与你家做小老婆，不气长。”

译文：“I came here as a second wife and now I am not to be allowed to breathe. ”（*1971*）

按：“小老婆”就是“妾”，英文为“concubine”，不能译为“第二个妻子”（second wife），因为潘金莲在西门庆的妻妾中排行第五，并非第二。“气长”是“受人尊重”、“不受委屈”的意思。这里译为“呼吸”（breathe），肯定不对。

59. “落”

P1996（**第七十七回**）　**潘金莲管了家里的账以后，非常刻薄。**

原文：“他又不数，只教春梅数钱，提等子。小厮被春梅骂的狗血喷头，行动就说落，教西门庆打。”

译文：“She did not count the money herself but made Plum Blossom do so. The maid measured the silver. Curses rained upon the boys' heads, and she was always saying she would tell Hsi-mên Ch'ing to beat them. ”（*1997*）

按：“落”是克扣、贪污金钱的意思。译者不理解，翻译时漏掉了这个字，让“打”的理由没有了。应该在“saying”后加上

"they have stolen money and"。

60. "娘家"

P2030（**第七十八回**）　**西门庆与贲四老婆私通。**

原文："那西门庆问他：'你小名叫什么？说与我。'老婆道：'奴娘家姓叶，排行五姐。'"

译文："Hsi-mên asked her what her maiden name had been. 'My mother's name was Yeh,' she said, 'I was the fifth child.'"（*2031*）

按："娘家"是指女方的父母家，"叶"应该是她父亲的姓。译者照字面意思译成了"我母亲姓叶"（My mother's name was Yeh）。

61. "梯己"

P2032（**第七十八回**）　**贲四老婆和西门庆有私，怕人说闲话，玳安就给她出主意。**

原文："这初九日，是俺五娘生日，你再送些礼去，梯己再送一盒瓜子与俺五娘。管情就掩住许多口嘴。"

译文："On the ninth, it will be the Fifth Lady's birthday. Take her some little presents and I will give her a box of melon-seeds for you. That will stop their mouths."（*2033*）

按："梯己"是私下的意思，玳安的意思是贲四老婆除了明着给潘金莲送生日礼之外，还应私下再送点瓜子过去。因为他认为西门庆的妻妾中只有潘金莲比较咬嘴。译者不明白"梯己"的意思，只知道“已”是自已，就把这句译成了“我再替你给她送一盒瓜子”（I will give her a box of melon-seeds for you）。

62. “例儿搀儿”

P2048（**第七十八回**） **潘金莲上寿当日早晨，琴童和玳安在挂灯笼，看见潘金莲，琴童和她逗乐。**

原文：“妇人道：‘贼囚，别要说嘴。你好生仔细挂那灯，没的例儿搀儿的，拿不牢吊将下来。……’”

译文：“‘Shut your mouth and get on with your lanterns,’ Golden Lotus said. ‘And don’t set about your work in that off-hand way. The lanterns will not stay up. …’”（*2049*）

按：“例儿搀儿”就是“趔趄”（stumble）的儿化，指站不稳。译者不理解，没有译出来。“off-hand”是“漫不经心”的意思。

63. “纸盆”

P2134（**第八十回**） **西门庆出殡前，请报恩寺僧官念了几句偈文。**

原文：“念毕，陈敬济摔破纸盆，棺材起身，合家大小孝眷放声号哭。”

译文：“Then Ch’ên Ching-chi broke a paper bowl and the coffin was taken out. The members of the household set up a wailing.”（*2135*）

按：“纸盆”是放在死者灵前供人烧纸用的瓦盆，一般在棺材抬出前，要由长子将其摔碎。译者不明白，将其译成了“纸做的盆子”（a paper bowl）。

64. “私窠子”

P2448（第九十五回）　**平安偷了当铺里的一幅金头面。**

原文：“不堤防这平安儿见财起心，就连匣儿偷了，走去南瓦子里武长脚家，有两个私窠子，一个叫薛存儿，一个叫伴儿，在那里歇了两夜。”

译文：“P’ing An stole them and took them to Long footed Wu’s place in Nan Wa Tzŭ. There were two receivers of stolen property there, one called Hsüeh Ts’un and the other P’an Erh. P’ing An stayed there two nights.”（*2449*）

按：“私窠子”是暗娼（private bawdy house），不是“窝主”（receivers of stolen property）。

四　成语、俗语、歇后语理解不准

1. “白驹过隙”、“光阴似箭”、“日月如梭”

P70（**第二回**）

原文：“白驹过隙，日月如梭。”

译文：“The sun’s bright horses galloped past the window, and the sun and moon raced liked a weaver’s shuttles.”（*71*）

P150（**第六回**）

原文：“光阴迅速，日月如梭。”

译文：“The days passed quickly, the sun and moon crossed and recrossed like a weaver’s shuttles.”（*151*）

P198（**第八回**）

原文：“光阴似箭，岁月如梭。”

译文：“Time sped like an arrow in flight. The sun and moon crossed and recrossed like a weaver’s shuttles.”（*199*）

P784（**第三十三回**）

原文：“光阴迅速，日月如梭。不觉八月十五日，月娘生辰来到。”

译文：“The time passed quickly. The sun and moon crossed

and recrossed like the shuttles of a weaver. It was the fifteenth day of the eighth month, the Moon Lady's birthday."(*785*)

按：对于汉语中这种提示时间过渡的成语，其实可以不必这样直译，如果不加注释，这样的翻译很容易让人费解。

2. **"山高水低"**

P92（第三回） **王婆约潘金莲裁寿衣。**

原文："王婆道：'便是因老身十病九痛，怕一时有些山高水低，我儿子又不在家。'"

译文："'I am always suffering from something or another,' the old woman said. 'One of these days I shall find myself as high as the mountains and as deep as the ocean. And my son is not at home.'"(*93*)

按："山高水低"比喻自己有个什么意外，是指身体出现大的问题。照字面直译令人不知所云。对这句话，芮效卫也进行了直译，但他最后补充了一句话，使意思比较清楚。*The Plum in the Golden Vase*（Vol. I，P69）："'It's just because I seem to be suffering from all: Ten aches and nine pains,' said Dame Wang. 'I'm afraid I could end up: High as the hills or deep as the sea, at any moment, and my son isn't even here to take care of things if anything should happen to me.'""to take care of things if anything should happen to me"部分是芮效卫加上去作补充说明的。

3. “老花儿”谐“老花子”

P150（第六回）

原文：“婆子笑道：‘老身又没有老伴儿，那里得养出来？你年小少壮，正好养哩！’妇人道：‘常言小花儿不结，老花儿结。’婆子便看着潘妈妈嘈道：‘你看你女儿，这等伤我，说我是老花子。到明日还用着我老花子哩！’”

译文：“‘But I have no husband,’ laughed the old woman. ‘Where shall I get a baby? You are still young. You are the one to have babies.’ ‘The young tree bears no fruit; but the old tree bears well,’ Golden Lotus said, quoting an old saying. ‘Do you hear your daughter making fun of me?’ the old woman said, turning to Madam P'an. ‘She calls me “Old Beggar”, but she'll be glad enough of her “old beggar” one of these days.’”（*151*）

按：“老花儿”谐音“老花子”，没译出来，也没有加注释，让人不明所以。芮效卫虽加了条注释，但没注清楚。*The Plum in the Golden Vase*（Vol. I，P118）：“‘I haven't any old man,’ laughed the old lady, ‘so how could I produce a baby? But you're young and strong, perfectly fitted to produce one.’ To which the woman replied, ‘As the saying goes: Young flowers bear no fruit; It's the old flowers that bear the fruit.’ At this, Dame Wang turned to old Mrs. P'an and said, ‘Just look at the liberties your daughter takes with me. She's calling me an “old beggar”. But she'll find a use for this “old beggar” yet.’” 该书第490页注15云：“The term for ‘old flower’ also has the slang sense of ‘old beggar’.” 但没有说

明为什么"老花儿"有"老花子"的意思。

4. **"鞋杯"**

P156（**第六回**）

原文："少顷，西门庆又脱下他一只绣花鞋儿，擎在手内，放一小杯酒在内，吃鞋杯耍子。"

译文："Hsi-mên took off one of her embroidered shoes, poured a cup of wine into it, and drank."（*157*）

按：中文原意是鞋里放了只杯子，而不是"把一杯酒倒入鞋里"（poured a cup of wine into it）。布制的绣花鞋不可能盛得住酒，且不卫生。

5. **"五短身材"**

P206（**第九回**）　**介绍西门庆妻妾**。

原文："（孙雪娥）生的五短身材，有姿色。"

译文："fairly tall and not bad-looking."（*207*）

P300（**第十三回**）　**西门庆私会李瓶儿时，见她生得甚是白净**。

原文："五短身材。"

译文："rather short."（*301*）

P410（**第十七回**）

原文："（蒋竹山）其人年不上三十，生的五短身材。"

译文："This Chiang was not more than thirty years of age, not very tall."（*411*）

P1042（**第四十三回**）

原文："众堂客簇拥着乔五太太进来，生的五短身材。"

译文："…She was not very tall."（*1043*）

P2202（**第八十四回**）　**吴月娘在碧霞宫见到一个庙祝道士。**

原文："香案边立着一个庙祝道士，约四十年纪，生的五短身材，三溜髭须，明眸皓齿，头戴簪冠，身披绛服，足穿云履。"

译文："A Taoist priest came and stood beside her. He was a short man, about forty years of age, with three wisps of beard. His eyes were very light and his teeth white. He wore a hat with a pin, and a purple gown. His shoes were embroidered in a cloud design."（*2203*）

按："五短身材"指人的个头矮小。以上五例中，第一例译作"相当高"显然不对；其余四例基本准确。

6. "指猪骂狗"

P248（**第十一回**）　**西门庆早上在潘金莲房里起来，要吃荷花饼等，让庞春梅去厨房里说。**

原文："金莲道：'你休使他。有人说我纵容他，教你收了，俏成一帮儿哄汉子，百般指猪骂狗，欺负俺娘儿们。你又使他后边做甚么去？'"

译文："'Just as well not tell her to go,' Golden Lotus said. 'Someone has said that I allow her liberties so that she and I may keep you all for ourselves. They called us all the nasty names they could think of. It will be much better not to send her. '"（*249*）

按："指猪骂狗"相当于"指桑骂槐"，也说"捉鸡骂狗"，但绝不是"用他们能想到的各种难听名字骂我们"（called us all the nasty names they could think of）。

7. "杯盘狼藉"

P272（第十二回）　**写西门庆和他的十兄弟在李桂姐家吃饭的场面。**

原文："杯盘狼藉。"

译文："It might have been a den of wolves."（*273*）

按：这句似乎采取意译比较容易理解："Everything on the table is in a mess."

8. "捏两把汗"

P288（第十二回）　**潘金莲私仆被告。**

原文："那妇人吓的捏两把汗。"

译文："She was so terrified that the sweat rolled down her body."（*289*）

按："捏两把汗"这个典故出于《元史・赵璧传》，意谓人处在紧张中时，会紧握拳头，手心出汗。故这个词只表示紧张、担心的意思，不能实译。

P466（第十九回）

原文："众人见他这般说，都替李瓶儿捏着把汗。"

译文："When the ladies heard this, they were so afraid for

the Lady of Vase that the sweat rose upon their brows.”(467)

按：这里又把“捏着把汗”译成“额头上渗出了汗”。从情理上说，一群人同时替李瓶儿紧张得额头出汗，也不太符合实际。

9. “没齿不忘”

P400 **（第十七回）　陈敬济家出事后，其父陈洪给西门庆写了封信。**

原文：“容当叩报，没齿不忘。”

译文：“I know to express my gratitude, and so long as I have a tooth in my mouth I will remember your kindness.”(401)

按：“没齿”是指人年老掉牙以后，在这里表示“至老”、“终生”的意思。如果理解成“只要嘴里还有一颗牙”，似乎说再老一点（即牙齿掉光）的话就可以忘恩了，这当然不合其写信的本意。

10. “衔环结草”

P416 **（第十七回）　李瓶儿答应嫁给蒋竹山后，蒋竹山说。**

原文：“学生虽衔环结草，不敢有忘。”

译文：“Even if you give me the work of a menial to do, I shall be eternally grateful.”(417)

按：由于译者不懂“衔环结草”的典故，翻译上糊涂了事。“the work of a menial”意思是“卑贱的工作”，与原文不符。芮效卫对此进行了直译，并加了注释（*The Plum in the Golden Vase*. Vol. I，P353，Note 42）。

11. “紫陌”、“红尘”

P420（第十八回）　**西门庆为亲家的事，派来保、来旺上东京去打点，二人一路辛苦。**

原文：“朝登紫陌，暮践红尘。”

译文：“They travelled at early dawn when the rising sun threw a purple haze over their path; they travelled in the evening when its setting cast a rosy light upon the dust.”（*421*）

按：“紫陌”本指京郊的道路，“红尘”形容帝都的繁华。这里的翻译都带有解释性，但理解错了，有点望文生义。直译过来就成了：“当初升的太阳给路面洒上紫雾，落日让尘土染上玫瑰色时，他们都奔波在路上。”

12. “不顺脸”、“卖萝葡的跟着盐担子走——闲操心（咸嘈心）”

P474（第二十回）　**西门庆给李瓶儿施下马威，潘金莲和孟玉楼在外偷听。潘金莲对孟玉楼议论道。**

原文：“俺这个好不顺脸的货儿，你若顺顺儿，他倒罢了，属扭孤儿糖的，你扭扭儿也是钱，不扭也是钱。”

译文：“She seems to be one of those people who do not care for authority. If she does what she is told, all will be well, but if she behaves deceitfully, she will have to pay for it.”（*475*）

按：“不顺脸的货儿”其实指西门庆（从下文看，意思是说只能别人顺着他），翻译时理解成李瓶儿了。故译文的意思是“她似乎属于不服权威的一类人”（She seems to be one of those people who do not care for authority)。

P474（第二十回） **接下来，潘金莲叫住春梅问房里的情况，春梅说了两句急急走了。潘金莲嘀咕道。**

原文："卖萝葡的跟着盐担子走——好个闲嘈心的小肉儿!"

译文："Why should Plum Blossom take this upon herself? She is a meddlesome young hussy."（*475*）

按：萝卜吃多了会嘈心（谐音操心），盐表示咸（闲）。所以这个歇后语的意思是"闲操心"。翻译时把歇后语省了。

13. "云端里老鼠——天生的耗"

P476（第二十回） **李瓶儿被打后，马上与西门庆和好，并开始饮酒，春梅往房里送东西。潘金莲说她。**

原文："云端里老鼠——天生的耗。"

译文："They are like rats flying in the skies."（*477*）

按："耗"谐音"号"，是说春梅就是专干猫头差事（即不是正经事）的那号人。但译者把这理解成一句形容的话，说"她们进进出出像老鼠在天空中飞一样"。

14. "鞑靼"谐音"达达"

P484（第二十回） **孟玉楼等人因西门庆和吴月娘互不说话，想劝和，潘金莲就让李瓶儿出资安排一场酒席。小玉便借机打趣李瓶儿，拿她前日晚上向西门庆求饶的事儿开心。**

原文："小玉又说道：'昨日朝廷差四个夜不收，请你往口外和番，端的有这话么?'李瓶儿道：'我不知道。'小玉笑道：'说你老人家会叫的好达达。’把玉楼、金莲笑的不了。”

译文：“And Tiny Jade said: ‘Yesterday, four officers were sent from the court to ask you to visit the Mongols in Tartary. Isn’t that so?’ ‘I don’t know what you mean,’ said the Lady of the Vase. Tiny Jade laughed. ‘They said you knew how to speak the language.’ Golden Lotus and Tower of Jade were greatly amused at all this.”(*485*)

按：译者没有注意到小玉话语里的埋伏，未理解其中的谐音和影射。小玉信口胡诌“请你往口外和番”，是为了引出“叫的好达达”这句话。“番”指蒙古人（the Mongols in Tartary），汉语叫“鞑靼”，与“达达”谐音。小玉这是打趣李瓶儿曾把西门庆叫“达达”。将其译成“他们说你会说那种语言”（They said you knew how to speak the language），将李瓶儿求饶的狼狈样子丢掉了，会让人不明所以，似乎处理成“They said you knew how to call Dad (Tartary)”会更好些。第二十一回西门庆和吴月娘和好以后，当晚两人同宿，“西门庆情极，低声求月娘叫‘达达’”(504)。可见叫“达达”在小说中是一种男女欢会的隐喻。

15. “穿青衣抱黑柱”

P592（第二十五回） **来兴把来旺骂她的话告诉了潘金莲。**

原文：“说五娘恩将仇报，挑拨他老婆养汉。小的穿青衣抱黑柱，先来告五娘说声。”

译文：“He says …, you only repay his kidness by injuries and help his wife to be unfaithful to him. I felt I ought to warn you.”(593)

按：“穿青衣抱黑柱”不好理解，漏译了。

P1056（**第四十四回**）　**夏花儿偷了金镯子被抓后，李桂姐批评了她。**

原文：“常言道：‘穿青衣，抱黑柱。’”

译文：“You know the proverb: ‘A black-clothed man will stand beside a black pillar.’”(1057)

按：完全是字面翻译。

P1848（**第七十二回**）　**西门庆听王三官包了李桂姐，恼了，李铭上门求情，应伯爵替他打圆场。**

原文：“你过来，自古穿青衣抱黑柱，你爹既说开，就不恼你了。”

译文：“I am wearing black clothes so I have to stand near a black pillar. Now you have spoken to your father, I am sure he won't be angry with you any more.”(1849)

按：这里跟“我”毫无关系。

P1980（**第七十六回**）　**西门庆审理完何九兄弟的案子，回家给潘金莲讲起当天另一个女婿与后丈母通奸被丫鬟举报的案子。潘金莲骂这个丫鬟背主不对。**

原文：“你穿青衣抱黑柱，一句话就把主子弄了。”

译文：“It was her duty as a maid to be loyal to her employers. Instead, her chattering will have caused the death of two human beings.”(1981)

按：翻译时漏掉了这句话。

P2226（第八十五回）　**秋菊对吴月娘告了潘金莲的状，潘金莲对薛嫂诉苦，薛嫂安慰她。**

原文：“他怎的倒弄主子？自古穿青衣，抱黑柱，这个使不的。”

译文：“How dare she say things about her mistress? One who wears a black gown should stand by a black pillar. She ought not to do things like that.”（*2227*）

按：“穿青衣抱黑柱”，是说奴仆应该忠于自己的主子。因为“青衣”与“黑柱”是同一种颜色，形容主、仆理应是一伙的。

16. “王妈妈（婆子）卖了磨——推不的了”

P662（第二十八回）　**潘金莲丢了鞋，秋菊没有找到，春梅骂她。**

原文：“王妈妈卖了磨——推不的了。”

译文：“You're as bad as old Goody Wang buying a mill. What's the good of it?”（*663*）

按：译者既把“卖”认成了“买”，也没把“推”（推卸责任）的意思译出来。照英文的意思，就变成了：“糟糕得像王妈妈买了个磨子，有啥好处？”完全背离了原意。

P1450（第六十回）　**官哥死了后，潘金莲大为高兴。**

原文：“王婆子卖了磨——推不的了！”

译文：“You are another old woman Wang, who sold her corn and can never have it again to grind.”（*1451*）

按：同一个歇后语，这里的“推不的”，意思是没有靠头，没有指望。译者把“磨”（stone mill）译为“玉米”（corn），不知何意。妙的是，芮效卫把这句也译错了。*The Plum in the Golden Vase*（Vol. II，P213）译作：“Dame Wang who sold her grindstone: you've no way to grind your axe.”芮效卫把“磨”理解成了“磨刀石”，所以下句说“没处磨斧子了”（you've no way to grind your axe）。从这一点看，克莱门特第一次倒是把“磨”（mill）理解对了，但他不理解中国的石磨是要人推的，而这个“推”（push）又和“推卸责任”（shift the responsibility/shift blame）的“推”是同一个字，并且还可以引申为“指望”、“依靠”。

17. “粉首碎骨”

P714（第三十回）　**蔡太师安排西门庆做山东提刑所理刑副千户。**

原文：“来保慌的叩头谢道：‘蒙老爷莫大之恩，小的家主举家粉首碎身，莫能报答。’”

译文：“Lai Pao kotowed and thanked the Imperial Tutor. ‘I am most grateful,’ he said, ‘for your Eminence's extreme magnanimity. If all the members of my master's household should throw ashes upon their heads and dust upon their bodies, they could never repay such kindness.’”（*715*）

按：“粉首碎骨”即“粉身碎骨”，英文意思是“be destroyed”/“be smashed to pieces”/“be made shattered”。译者可能把“粉”、“碎”理解成了名词，故出现了这样的翻译。

18. “管我腿事”

P744（第三十一回）　**玉箫与书童相好，给他送了一壶酒、四个梨、一个柑子，正好书童不在，就放在床下。被琴童看见，拿到李瓶儿房里。众人后来找不见这把壶，到处乱嚷。迎春责怪琴童。**

原文：“琴童道：‘我又没偷他的壶。各人当场者乱，隔壁心宽，管我腿事！’”

译文：“‘I didn’t steal it,’ Ch’in T’ung said. ‘There’s no reason why I should be worried. Let those who did steal it be alarmed. I am out of it. It won’t be my legs that get the beating.’”（*745*）

按：“管我腿事”相当于说“关我屁事”。译成“反正不打我的腿”有点太死。应该译作：“It has nothing to do with me.”

P856（第三十五回）　**西门庆为给书童报仇，借口平安儿没有拦住白赉光，责打了他一顿。平安儿来到外边，贲四、来兴都问他原因。**

原文：“平安道：‘……他强自进来，管我腿事！……’”

译文：“P’ing An said, ‘…… Father says I didn’t stop him, but it was simply my bad luck that he would come in. Why should my poor legs be beaten for him?…’”（*857*）

按：此处又把“管我腿事”译成“为什么我可怜的腿要为他而挨打呢”，还是照字面硬译了。

19. “雌饭”

P856（第三十五回）　**平安儿接着骂白赉光。**

原文："天下有没廉耻皮脸的，不相这狗骨秃没廉耻，来我家闯的狗也不咬。贼雌饭吃花子脅的……"

译文："Of all the shameless, faceless people in the world, there is none so shameless as this dog-bone. He sneaks in so silently that the dog doesn't even bark: he shows his teeth and gobbles down our food. It was a beggar got him…"(857)

按："闯的狗也不咬"，是说来得太勤，狗都认识了，并不是"悄悄溜进来狗都没叫"(sneaks in so silently that the dog doesn't even bark)。"雌饭"是"蹭饭"的意思，而不是"呲着牙吞饭"(shows his teeth and gobbles down our food)。上一句应该译成："He comes so often that the dog doesn't even bark."后一句可译为:"He is the son of a beggar."

20. "成精捣鼓"

P968（第三十九回）

原文："成精捣鼓。"

译文："You look like a spiritual drum-stick."(969)

按："成精捣鼓"就是"作怪"的意思。英文译成了"你像个成了精的鼓槌"。

21. "千金小姐"

P968（第三十九回）

原文："千金小姐。"

译文："the Virgin of a Thousand Pieces of Gold."(969)

按：此处太过直译了。

22. “人不知，鬼不觉”

P972（第四十回） **王姑子给吴月娘介绍薛姑子的安胎药。王姑子道。**

原文：“用着头生孩子的衣胞，拿酒洗了，烧成灰儿，伴着符药，拣壬子日，人不知、鬼不觉，空心用黄酒吃了。算定日子儿不错，至一个月，就坐胎气，好不准！”

译文：“First we need the after-birth of a boy. This must be washed in wine and burned to ashes. Then the ashes must be mingled with the charm and medicine, and, on the Jên Tzǔ day, in absolute secrecy, so that no evil spirit may interfere, you must swallow them with a little yellow wine upon an empty stomach. After that, all you have to do is to make a note of the date, and you will find that in exactly one month you will conceive. It is always so.”（*973*）

按：“人不知、鬼不觉”表示“秘密地”意思。英文译成了“在绝对保密的状态下，鬼怪不会来打搅”（in absolute secrecy, so that no evil spirit may interfere）。

23. “女又十撇儿”

P1018（第四十二回） **正月十五在狮子街楼上看灯吃酒，韩玉钏和董娇儿与应伯爵斗嘴。**

原文：“韩玉钏道：‘十分晚了，俺每不去，在爹这房子里睡。

再不，叫爹差人送俺每，王妈妈支钱一百文，不在于你。好淡嘴女又十撇儿。’伯爵道：‘我是奴才，如今年程反了，拿三道三。’”

译文：“‘If we are late,’ Jade Bracelet said, ‘we shall not go; we shall stay here, or we shall ask Father to send us home and give mother a hundred cash. But it has nothing to do with you anyway. I like your impertinence!’ ‘Yes,’ Po-chüeh said, ‘I suppose it is I who am the slave. Everything is topsy turvy nowadays. I lose.’”（*1019*）

按：“女又十撇儿”是“奴才”两字拆开的写法，译者不理解，译成了“我喜欢你的无礼”（I like your impertinence），和下文应伯爵说“我猜我就是奴才”（I suppose it is I who am the slave）没有了照应。

24. “瓮里走了鳖——左右是他家一窝子”

P1034（**第四十三回**）　**李瓶儿房子里丢了一个金镯子，潘金莲听了幸灾乐祸地说。**

原文：“‘瓮里走了鳖——左右是他家一窝子’。再有谁进他屋里去?”

译文：“There will be a row about it yet. It is like a turtle escaping from a jar. The people in her room were all her own people, and she must take the responsibility for them.”（*1035*）

按：这个歇后语的意思是瓮里的鳖很难逃出来，如果逃了，肯定是有同伙帮助，所以英文翻译应该是：“If a turtle escaped from a jar, it must has got it's own fellows to helpe it.”另外，英文的最后一句“她必须为此负责”（she must take the responsibility for them）原文无，是译者添加的。

25. “班门弄斧”

P1636（第六十六回）　**应伯爵从温秀才处看了翟管家的信，嘱咐他把回信写好些。**

原文：“温秀才道：‘貂不足，狗尾续。学生匪才，焉能在班门中弄大斧，不过乎塞责而已。’”

译文：“‘I,’ said Scholar Wên, ‘am like a dog's tail. It can be used instead of ermine when there is no ermine to be had. There is little depth to my learning and who am I to wield a battle axe among the military gentlemen? I can only do what my duty requires of me.’”（*1637*）

按：“班门弄斧”的成语被译成“在军人面前舞战斧”，有些牵强。芮效卫在译作：“How could I: Show off my skill with an axe before the gate of Lu Pan, the master carpenter?”（*The Plum in the Golden Vase*, Vol. IV, P164）比较准确。

26. “摇铃打鼓”

P1696（第六十八回）　**西门庆替黄四摆平了丈人孙清、小舅子孙文相的官司，应伯爵要求黄四在郑爱月的院里设酒感谢。西门庆打算骑马去。**

原文：“伯爵道：‘我不骑。你依我：省的摇铃打鼓，我先走一步儿，你坐轿子慢慢来就是了。’”

译文：“‘No,’ said Po-chüeh. ‘None of your horses for me! When I go riding I wobble about like the clapper of a bell. I'll go first and you can come in a sedan chair at your leisure.’”(*1697*)

按：“摇铃打鼓”本来是用声音形容做事的动静太大。“wobble about like the clapper of a bell”的意思是“像铃铛舌头一样摇来晃去”，成了形容人骑在马上的样子。所以“你依我：省的摇铃打鼓”这句，可直接译为：“In my opinion: don't make such a fuss.”

P1946（**第七十五回**）　**西门庆因吴月娘与潘金莲吵架吃了气，请了任医官来给她诊治。**

原文：“月娘只不动身，说道：‘我说不要请他，平白叫将人家汉子，睁着活眼，把手捏腕的，不知做甚么！叫刘妈妈子来，吃两服药，由他好了。好这等摇铃打鼓的，好与人家汉子喂眼。’”

译文：“The Moon Lady did not move. ‘I told him not to send for the doctor,’ she said. ‘I don't want any man here, staring at me and putting his fingers on my hand. I want some medicine from old woman Liu, nothing more. Why should he make a fuss like this to satisfy that man's curiosity?’”(*1947*)

按：这一回把“摇铃打鼓”译对了。

27. “猢狲儿隔墙掠筛箕，还不知仰着合着哩”

P1728（**第六十九回**）

原文：“文嫂道：‘猢狲儿隔墙掠筛箕，还不知仰着合着哩。’”

译文：“‘You little monkey,’ old woman Wên said. ‘When we hear someone sifting grain on the other side of a wall, we have no means of telling whether the results are good or bad. It is just the same with this business.’”(*1729*)

按：这句歇后语的表面意思是猴子隔着墙扔个筛子或簸箕，落地后并不知道是仰着还是扣着，比喻结局的不确定性。主语是“猢狲儿”，动词“掠”是“扔”的意思。译文的错误一是把“猢狲儿”当成了文嫂对西门庆的谑称——按身份她是不可能这样对西门庆说话的。二是把“掠”翻译成了“筛粮食”(sift)。英文直译回来就成了：“文嫂说：‘你这小猢狲。我们隔墙听到有人筛粮食，根本无法知道结果的好坏。这桩买卖也一样。’”

28. “底脚里人”

P1754（**第六十九回**）　**王三官第一次遭惊吓后，仍不悔改，每月还用三十两银子包养李桂姐，被郑爱月私下点破。西门庆抓了这帮人，回家给吴月娘说起经过。**

原文：“今日贼小淫妇儿不改，又和他缠，每月三十两银子，教他包着，嗔道一向只哄着我。不想有个底脚里人儿，又告我说，教我差干事的拿了这干人到衙门里，都夹打了。”

译文：“He has been keeping that little strumpet and giving her thirty taels a month. No wonder she has been behaving so strangely. She had this young fellow completely at her feet. I found out about it and sent to arrest the rogues and have them brought before me. I had them beaten."(1755)

按:"底脚里人"就是知情人,译文错成了"把这个年轻人完全踩在她脚下"(had this young fellow completely at her feet)。

P1758(**第六十九回**)

原文:"伯爵道:'我猜已定还有底脚里人儿对哥说,怎得知道这等切?端的有鬼神不测之机。'"

译文:"'Surely someone gave you a hint?' Po-chüeh said. 'You would never have known so much about it otherwise. Why, neither ghosts nor gods could ever have found it out.'"(1759)

按:这句把"底脚里人"译作"someone",虽不算准确,但意思差近。

29. "放水鸭儿"

P2342(**第八十八回**) **来旺要拐走孙雪娥。**

原文:"来昭便说:'不争你走了,我看守大门,管放水鸭儿!若大娘知道,问我要人怎了?不如你每打房上去,就蹁破些瓦,还有踪迹。'"

译文:"'That is all very well,' Lai Chao said. 'You can get away easily enough, but I am in charge of the gate, and how can I let you escape like a pair of wild ducks? The Great Lady is sure to find out, and what am I to say to her when she asks me about it? You had better get over the roof. Smash a few tiles, and then there will be something to show the way you went.'"(2343)

按:"放水鸭儿"是"放任不管"的意思。英文译成了"我怎能让你们像一对野鸭一样逃走呢”（how can I let you escape like a pair of wild ducks）。

30. “腊月里萝卜——冻（动）个心”

P2352（**第九十一回**） **李衙内遣官媒陶妈妈来提亲。**

原文：“月娘便道：‘莫不孟三姐也“腊月里萝卜——动个心”？忽剌八要往前进嫁人？’”

译文：“‘That is Sister Mêng,’ the Moon Lady said. ‘I shall never remarry.’”*（2353）*

按：吴月娘听了消息很吃惊，将信将疑。但译文的语气是肯定的，翻译过来是：“‘那是孟三姐，’月娘说，‘我不会改嫁。’”这和原文的意思不符。

五 原文理解错误

1. *P16*（第一回） **应伯爵向西门庆介绍李桂姐时说。**

原文："敢怕明日还是哥的货儿哩。"

译文："Really, you yourself would not find her too bad."（*17*）

按：英文的意思是"你一定会觉得她很不错"。可应伯爵的原意是"弄个不好将来她还是哥手里的人儿"。

2. *P40*（第一回）

原文："这潘金莲，却是南门外潘裁的女儿。"

译文："Golden Lotus was the daughter of a certain P'an Ts'ai who lived outside the South Gate."（*41*）

按："潘裁"是姓潘的裁缝，译者把它当成了姓名。这个背景很重要，王婆找潘金莲裁寿衣，是因为她有家传的裁缝手艺。

3. *P42*（第一回） **张大户的太太知道张大户因收用潘金莲而身体添病后，将她百般苦打。**

原文："大户知道不容，却赌气倒赔房奁，要寻嫁得一个相应的人家。"

译文："Master Chang, though he knew he was doing something he ought not, secretly provided the girl with a trousseau, and looked about for a suitable man to whom to marry her."（*43*）

按："知道不容"是说知道自己的太太容不下潘金莲，即"can't accept her"，而不是"知道自己不该这么做"。

4. *P60*（第二回）

原文："那妇人也有三杯酒落肚，烘动春心，那里按纳得住？欲心如火，只把闲话来说。"

译文："She drank a few cups too, till the spur of desire pressed her more acutely and the passion within her blazed so that she lost all control of herself and could hardly speak."（*61*）

按："只把闲话来说"是没话找话，说得很多，意在挑逗，而不是"说不出话来"（could hardly speak）。

5. *P74*（第二回） **潘金莲的杆子砸到西门庆后，她向对方致歉。**

原文："那人一面把手整头巾，一面把腰曲着还喏道：'不妨，娘子请方便。'却被这间壁住的卖茶王婆子看见。那婆子笑道……妇人答道：'官人不要见责。'那人又大笑着大大的唱个喏。"

译文："The man set his hat straight with one hand, and made a reverence so low that he almost swept the ground. 'Lady,' he said, ‘it was not of the slightest consequence. You may do with me what you will.’ It so happened that the neighbor, old woman Wang, the tea-seller, had seen everything that happened. … ‘Don’t beat me,’ said the old woman Wang, still enjoying the joke.”(75)

按：这段译文有三处问题。首先，“娘子请方便”并不是“你对我想做什么都行”(You may do with me what you will)，而是“请你别当回事”的意思。其次，对西门庆说“官人不要见责”的是潘金莲（小说中称“妇人”），而不是王婆（the old woman Wang)。第三，“不要见责”是“不要责怪”的意思，而不是“别打我”(Don’t beat me)。

6. *P80*（第二回）

原文：“这婆子正开门，在茶局子里整理茶锅……”

译文：“The old woman had just opened her door to throw out the tea-leaves when she saw His-mên Ch’ing pacing up and down.”(81)

按：“整理茶锅”(arrange the tea pot)和“倒剩茶叶”(throw out the tea-leaves)是两个概念，这样翻译不合理。

7. *P92*（第三回）　王婆约潘金莲缝寿衣时说。

原文：“见如今老身白日黑夜，只发喘咳嗽，身子打碎般睡不倒的只害疼，一时先要预备下送终衣服。难得一个财主官人，……见老身这般本分，大小事儿无不管顾老身。”

译文："Day and night I have trouble with my breathing, and I cough till my body shakes as though it were being torn in pieces. And I can't sleep. I've come to the conclusion that it's time I was getting my funeral-clothes together. Fortunately for me, there is a rich gentleman who often comes to have tea at my shop. …He knows I am to be trusted; that I never neglect any little point, however unimportant it may seems to others."*(95)*

按："身子打碎般睡不倒的只害疼"，译成"咳嗽得身体都快散架了，无法入睡"，勉强还能说得过去。但把"大小事儿无不管顾老身"，译成"哪怕在别人眼里不要紧的事儿，我从没忽略过"，就有点离题万里了。"管顾"是"照顾"的意思，原意是"大小事儿都很照顾我"。芮效卫将其译成"insists on patronizing me in matters great and small"（*The Plum in the Golden Vase*，Vol. I，P69），是准确的。

8. *P98*（第三回）　**王婆请潘金莲缝衣，潘听从武大的嘱咐，拿出三百文钱要买酒食，王婆不同意。**

原文："阿呀，那里有这个道理。老身央及娘子在这里做生活，如何交娘子倒出钱，婆子的酒食，不到吃伤了哩！"

译文："'Oh dear!' the old woman cried, 'what can you be thinking about? It was I who asked you to come and make these clothes, and I can't possibly allow you to spend your money as well. Why, if I did, your wine and food would poison me.'"*(99)*

按：原文说的是"婆子的酒食"，"婆子"、"老身"都是王婆的自称，如果称呼潘金莲，她这时都用“娘子”。“不到吃伤了哩”，意思是“离吃厌了还早呢”（You won’t be fed up with my wine and food yet.），绝不是“你的酒食会毒杀我”（your wine and food would poison me）的意思。

9. *P112*（**第四回**）

原文：“西门庆一面斟酒劝那妇人，妇人笑着不理他。”

译文：“Hsi-mên, who had already drunk more wine than was good for him, invited her to join him.”（*113*）

按：西门庆在处心积虑地挑逗潘金莲，原文是“斟酒劝那妇人”，译文的意思却是“西门庆已经喝多了”（Hsi-mên, who had already drunk more wine than was good for him）。

10. *P136*（**第五回**）　**王婆定计谋杀武大时，对西门庆说。**

原文：“自古道：‘幼嫁从亲，再嫁由身。’”

译文：“A young man, when he takes a wife, marries to please his parents, but when he marries again he makes his own choice.”（*137*）

按：“嫁”是针对女性来说的。中文的原意是说女人的婚姻，初婚由父母做主，再婚由自己决定。但英文译成了“男孩结婚都是为了取悦父母，再婚时才能自主选择”。

P384（**第十六回**）　**当西门庆对李瓶儿说，担心她大伯子因她服孝不满而阻挠她改嫁时，李瓶儿对西门庆说。**

原文：“只我先嫁由爹娘，后嫁由自己。”

译文：“We woman certainly have our first marriages arranged for us, but for the rest we can surely please ourselves.”（385）

按：这次虽然没有紧扣原文，但大致意思不差，比第五回译得好。芮效卫译作：“In one’s first marriage one must obey one’s parents; In subsequent marriage one can suit oneself.”（*The Plum in the Golden Vase*，Vol. I，P329）更贴切！

11. *P144*（**第六回**）　**武大死后**。

原文：“邻舍街坊都来看望，那妇人虚掩着粉脸假哭。众街坊问道：‘大郎得何病患便死了？’”

译文：“The neighbours came to offer their condolence, and Golden Lotus covered her lovely face and pretended to sob. ‘How did this gentleman die?’”（145）

按：“粉脸”说明她居丧期间还化着妆，故译成“powdered face”比较准确。另外，武大又称“大郎”，不能译成“gentleman”（绅士、先生）。

12. *P148*（**第六回**）　**仵作何九到武大家后**。

原文：“只见那妇人穿着一件素淡衣裳，白布鬏髻，从里面假哭出来。何九道：‘娘子省烦恼，大郎已是归天去了。’那妇人虚掩着泪眼道……”

译文：“Golden Lotus, wearing plain clothes, with a white covering on her head, sobbed as though her heart were breaking.

'Do not grieve so, Lady,' Ho IX said. 'Your husband is already on his way to Heaven.' 'My sorrow is greater than I can bear,' Golden Lotus said, drying her eyes."（*149*）

按："假哭出来"，译作"哭得心碎"（sobbed as though her heart were breaking），与原意不符。"虚掩着泪"只译成"擦眼泪"（drying her eyes），把"虚"字落空了。小说中这一回对潘金莲的描写，用字非常讲究，在塑造人物的同时，也含有讽刺的意思。如果不照顾"假"、"虚"等关键的字词（如本回开头写她"那妇人虚掩着粉脸假哭"），潘金莲性格的前后变化就看不出来。此前她相对还有些顾忌，杀武大是个重要转折，此后就越发狠辣了。

13. *P186*（**第八回**）　**西门庆娶了孟玉楼，很久不来看潘金莲，潘金莲向玳安问缘故。**

原文："就是家中有事，那里丢我恁个半月，音信不送一个儿？只是不放在心上。"

译文："If he has been so busy, why didn't he sent me word? I have been worried about him for ever so long."（*187*）

按：这话的前半截"那里丢我恁个半月"漏译不说，最后一句的意思也理解错了。"只是不放在心上"，是说西门庆没有把自己放在心上，而不是"我这一阵老替他担心"（I have been worried about him for ever so long）。正确的翻译应该是："He does not care about me at all."

14. *P196*（第八回）　**描述武松替县令到东京朱太尉处送礼。**

原文："去时三四月天气，回来却淡暑新秋。"

译文："When he had started it was the third of fourth month; now it was already autumn."（*197*）

按："三四月天气"，错当成了"the third of fourth month"（四月初三）。"淡暑新秋"实质是"七月"，具体译成"the seventh month"也行。

15. *P234*（第十回）　**武松被发配孟州。**

原文："武二到下处，问土兵要出行李包裹来，明日离了清河县上路，迤逦往孟州大道而行。"

译文："He went once again to his own rooms and got a soldier to bring his personal belongings, and the next day they set off from Ch'ing Ho along the high road for Mêng-chou."（*235*）

按：武松做督头时，有土兵伺候。此时已是囚犯，回到下处只是跟过去伺候自己的土兵要出了行李包裹，准备第二天上路，断无再让土兵替自己挑行李的道理。这句似乎应这样翻译："and asked the soldier for his belongings."

16. *P250*（第十一回）　**激打孙雪娥。潘金莲见秋菊催饭不来，让春梅去找，春梅回来说。**

原文："到被那小院儿里的千奴才、万奴才骂了我恁一顿。"

译文："The one who lives in that little place cursed me in

every way she could think of, as if I were a slave."(251)

按:"千奴才、万奴才"不是"好像我是个奴才一样"(as if I were a slave),因为庞春梅本身就是奴才。这句最好译成:"The one who lives in that little place cursed me to be slave this and slave that. /cursed me with hundreds and thousands of slaves."

P250(**第十一回**) **接上面的对话,春梅继续说。**

原文:"只像那个调唆了爹一般,预备了粥儿不吃,平白地生发起要甚饼和汤。"

译文:"She supposed Father had to ask permission from somebody or other before he could have anything to eat. She said they had made gruel for him, and then he must needs have soup and cakes."(251)

按:这句翻译有点莫名其妙,春梅原意是"好像有人让爹改变了主意一般",但英文的意思是"她好像觉得爹吃什么必须得经谁准许一样"(She supposed Father had to ask permission from somebody or other before he could have anything to eat)。

P254(**第十一回**) **西门庆打了孙雪娥以后,吴月娘问她平白骂潘金莲干啥。**

原文:"孙雪娥道:'我骂他秃也瞎也来?……'"

译文:"'Well, I only brought more trouble upon myself,' Beauty of the Snow Said. …"(255)

按:孙雪娥的原意是"我什么也没骂"("我骂他秃也瞎也来?")。英文译成"我纯粹是给自己找了麻烦"(I only brought more trouble upon myself),等于承认自己骂了人。

17. *P328*（**第十四回**）　**花子虚被抓后，李瓶儿约了西门庆求助，拿出三千两银子让他寻人情，西门庆开始还推让，被李瓶儿劝了一番。**

原文："西门庆说：'既是嫂子恁说，我到家教人来取。'"

译文："'I must go and see what my wife says,' Hsi-mên Ch'ing said. 'When I get home, I will send somebody for them.'"（*329*）

按：原文"既是嫂子恁说"（Sister, now that you say so），英文译成了"我必须回家听我妻子怎么说"（I must go and see what my wife says），实在很费解。

18. *P332*（**第十四回**）　**来保到东京送礼求情后，花子虚被判将住宅两所、田庄一处变卖后分给花子由等。李瓶儿听到消息找西门庆商议。**

原文："这里李瓶儿请过西门庆去计议，要叫西门庆拿几两银子，买了这所住的宅子。"

译文："The Lady of the Vase sent for him to talk over the situation, and suggested that he should take some of her money and buy the house."（*333*）

按：李瓶儿此时只是建议西门庆买下这所房子，并没有让用她寄存的银子。只因西门庆听了吴月娘的意见，怕他直接买了房子花子虚心里起疑，故一直拖着。加上这所房子在西门庆紧隔壁，无人敢买，花子虚只得数次托人找他，他则推没有银子。"李瓶儿急了，暗暗使冯妈妈来对西门庆说，教拿他寄放的银子，兑五百四十两买了罢。”这样，才能更显西门庆之奸和狠。

19. *P334*（第十四回） **花子虚一场官司出来，银两、房舍、庄田和三千两元宝都没了，就让李瓶儿问西门庆银两使用情况，想用剩下的钱凑着买房子。李瓶儿骂他。**

原文：“多亏了隔壁西门大官人，看日前相交之情，大冷天，刮得那黄风黑风，使了家下人往东京去，替你把事儿干得停停当当的。”

译文：“fortunately for you, Master Hsi-mên remembered that you had once been his friend, and when things looked cold and black for you, sent his servant to the Eastern Cpital to get everything settled for you.”（*335*）

按：“大冷天，刮得那黄风黑风”只是形容天气恶劣，有点夸张的意思。但译作“when things looked cold and black for you”（情况对你来说又冷又黑），就完全不知所云了。

20. *P342*（第十四回） **潘金莲生日，李瓶儿来贺，与吴月娘等聊天，谈到冯妈妈。**

原文：“李瓶儿道：‘他今年五十六岁，男花女花都没有，只靠说媒度日。我这里常管他些衣裳。……’”

译文：“‘She is fifty-six this year,’ the Lady of the Vase replied. ‘She has no children, but lives upon her earnings as a go-between and what she makes by washing clothes for me.’”（*343*）

按：“管他些衣裳”，就是送些衣裳的意思，跟洗衣服没有关系。大概因为前面李瓶儿说过“倒亏了这个老冯，是奴旧时人，常来与奴浆洗些衣裳”，故让译者产生了误会。

21. *P392*（**第十六回**）　**李瓶儿做好花子由的工作，请来西门庆相告。西门庆告诉她当天被应伯爵一伙缠住喝酒。**

原文：“诸兄弟要与我贺喜，唤唱的做东道，又齐攒的帮衬灌上我几杯。”

译文：“They asked me to give a dinner-party and send for singing-girls. They tossed the wine down their throats, cup after cup.”（*393*）

按：原文的意思是，诸兄弟要给西门庆贺喜，然后合伙儿灌他酒喝。主语都是“诸兄弟”。英文翻成了这帮人自己一杯接一杯地喝酒。意思理解错了。

22. *P412*（**第十七回**）　**李瓶儿请蒋竹山看病。**

原文：“一日安排了一席酒肴，备下三两银子，使冯妈妈请过竹山来相谢。……小丫鬟绣春在旁，描金盘内托出三两白金。……竹山……因见三两谢礼，说道：‘这个学生怎么敢领？’”

译文：“One day she spent three taels, and sent old woman Fêng to invite the doctor to dinner. …Hibiscus came, holding a gilded tray upon which were three taels of white gold. …Then he saw the white gold. ‘I cannot possibly accept this,’ he said.”（*413*）

按：这里的“三两白金”就是开头提到的“三两银子”。译者显然把“备下三两银子”理解成准备酒席花了三两银子，故后面看到“白金”不知为何物，凭空又多出了“三两白色的金子”。这处开头的文字，如果这样译“One day she arranged a feast and prepared three teals of silver…”，后面理解就比较顺了。

23. *P432*（第十八回） **吴月娘招呼陈敬济来喝酒，让小玉去叫西门大姐。**

原文：“小玉道：‘大姑娘使着手，就来。’”

译文：“The maid told them that she was washing her hands and would be with them in a moment.”（*433*）

按：“使着手”意思是“占着手”，可译为“she is busy now”。英文的意思则是“她正在洗手”。

24. *P424*（第十八回） **来保、来旺到东京为陈洪之事托人情，蔡京之子蔡攸转托右相李邦彦。李见了面，让堂候官取过昨日科中送的那几个名字与他瞧。**

原文：“来保见了，慌的只顾磕头。”

译文：“When Lai Pao heard this document read, he was greatly excited.”（*425*）

按：来保是看了这个名单，而不是让人念给他听的。芮效卫译作：“when Lai-Pao read this document…”（*The Plum in The Golden Vase*，Vol. I，P360）

P426

原文：“邦彦见五百两金银只买一个名字，如何不做分上?”

译文："The minister allowed his glance to fall upon the gold and silver. There were, in all, five hundred taels, and it seemed to him that such a present might suffice to purchase the name of a single man."（427）

按："见"并不是"瞟了一眼"（allowed his glance to fall upon）的意思，而是"seeing"（看到）的意思。英文的意思成了：右相瞟了一眼这些金银，它们总共是五百两，在他看来，这份礼物用来买一个人的名字足够了。这个"见"字不能译实了，因为礼单已经呈上并"见"过了。这段译文冗长重复，其中的"金银"也不应死译，其实就是指银子。芮效卫将其译作："When Li Pang-yen saw that he was being offered five hundred taels of silver to deal with but a single name."（360）把"见"直接译成"saw"，就非常顺。

25. *P438*（**第十八回**）　**潘金莲跟西门庆诉说上次自己被踢后，吴月娘反而骂了她。**

原文："那日你便进来了，上房的好不和我合气，说我在他跟前顶嘴来，骂我不识高低的货。我想起来，为甚么'养蛤蟆得水蛊儿病'，如今倒教人恼我！"

译文："When you had gone into the house, she who lives in the upper room made a fine to-do. She accused me of deliberately raising my voice against hers and swore I did not know my place. She doesn't want anyone to like me."（439）

按："养蛤蟆""得水蛊儿病"本指两个互不相关的事，歇

“没来由”。“教人恼我”是说弄得我被别人恼，这里是说吴月娘骂了自己。译者没有弄明白歇后语的意思，所以漏译了，而把“教人恼我”，理解成了“她不希望别人喜欢我”（She doesn't want anyone to like me）。

26. *P458*（**第十九回**） **蒋竹山被打以后，苦求李瓶儿给他银子还给鲁华，李瓶儿骂他。**

原文：“我早知你这忘八砍了头是个债桩，就瞎了眼也不嫁你！这中看不中吃的忘八！”

译文：“I've known for a long time, you turtle, that you're nothing but a braggart and a sponger. Why, I must have been blind to marry a turtle like you, good to look at and useless for anything else.”（*459*）

按：“砍了头是个债桩”说他是个该死的债主。“砍头的”相当于“该死的”，方言中现在还有这个说法。但英文译成了“我早知道你这忘八是个吹牛吃白饭的”。“braggart”是“牛皮客”，“sponger”是“吃白食的人”。

27. *P498*（**第二十一回**） **开篇词。**

原文：“低声问，向谁行宿？”

译文：“Who goes to stand on guard? A low voice asks.”（*499*）

按：“谁行”就是“哪里”的意思。“宿”是“投宿”，不是“宿卫”（stand on guard）。这句应译为：“Where to sleep?”

28. *P500*（**第二十一回**）　**西门庆发现吴月娘对自己一片真心后，即向其道歉。吴月娘对他赌气。**

原文：“随我在这屋里自生自活，你休要理他。”

译文：“If you insist on staying here, please do not speak to me.”（*501*）

按：译文的意思是：“你非要赖在这里，就别跟我说话。”这和原文的意思相差太远。似乎应该译作：“Let me live in this room by myself, you don’t need to care for me.”这样才能把赌气的味道传达出来。

29. *P516*（**第二十一回**）　**西门庆对李铭说。**

原文：“你到那边，休说今日在我这里。”

译文：“if he should go to Cassia’s house, he must on no account say that His-mên Ch’ing was at home.”（*517*）

按：这话是西门庆刚在李家闹过一场，心里正恼着李桂姐，李铭却主动上门唱曲，临走时西门庆对他的交待。译者把对话变成了叙述，意思错解成了“休说我在家里”。

30. *P526*（**第二十一回**）　**西门庆在房里对孟玉楼说。**

原文：“你看，贼小淫妇儿，他踹在泥里，把人绊了一交，他还说人踹泥了他的鞋。恰是那一个儿，就没些嘴抹儿。”

译文（最后两句）：“I’m surprised the others don’t tell her what they think about her.”（*527*）

按：西门庆所谓的“那一个儿”是指李瓶儿，“他”是潘金莲。这里跟“the others”和“they”没有关系。“嘴抹儿”是“还口”的意思。

31. *P534*（第二十二回） **潘金莲对着西门庆骂宋蕙莲。**

原文：“俺们闲的声唤在这里，你也来插上一把子，老娘眼里却放不过。”

译文：“You wait till you think we are amusing ourselves and then you play your games here. But you can't escape your old mother's keen eyes.”（*535*）

按：如果把英文照字面意思翻译过来，就成了“你寻思着我们在自娱自乐，就在这玩起来了”。其实“闲的声唤”是闲得难受的意思。这句话的真实意思是西门庆的老婆太多，大家都轮不过来，你（宋蕙莲）还要插一杠子。潘金莲口里的“你”指宋蕙莲，英文里的“you”针对的却是西门庆。译者可能把“声唤”理解成了“嬉闹”。

32. *P582*（第二十五回） **吴月娘与众姊妹打秋千。轮到李瓶儿时，陈敬济在下边推送。**

原文：“李瓶儿道：‘姐夫，慢慢着些，我腿软了。’”

译文：“‘Gently, Brother,’ the Lady of Vase cried, ‘my legs are not very strong.’”（*583*）

按：“我腿软了”应该是因害怕而支不住，而不是“我的腿不强壮”。似乎可译为“my legs began to tremble”。

33. *P584*（第二十五回）

原文："西门庆来家，来旺儿走到跟前参见，说道：'杭州织造蔡太师生辰的尺头并家中衣服，俱已完备，打成包裹，装了四厢，搭在官船上来家，只少雇夫过税。'"

译文："Lai Wang got up and went to the front court to make his report. 'The birthday presents for the Imperial Tutor and the clothes for the members of his household are all in order,' he said. 'I had them packed, and brought them in four chests. They are at the customs office, and we must take porters to clear them.'"（*585*）

按："家中衣服"是指给西门庆家中成员订做的衣服，而不是"给他们家庭成员的衣服"（the clothes for the members of his household）。"his"当改为"our"。

34. *P592*（第二十五回）　**孟玉楼听说西门庆和宋蕙莲有私，很好奇，向潘金莲打听。潘金莲回复道。**

原文："你问那没廉耻的货，甚的好老婆，也不枉了教奴才这般挟制了。"

译文："Did you ever know that unprincipled scamp lose an opportunity of getting hold of a pretty woman? Golden Lotus said. 'Now he has given himself into that slave's hands…'"（*593*）

按：原文的意思是"他不管什么婆娘都不放过"，所以"甚的好老婆"就是"也不是什么好婆娘"。译成"漂亮女人"（a pretty woman）意思反了。

35. *P622*（第二十六回） **宋蕙莲听说来旺儿被发配后，第一次上吊被救下来，吴月娘去劝慰她。**

原文：“蕙莲孩儿，你有甚么心事，越发老实叫上几声，不妨事。”

译文：“Wistaria, my child, if anything is troubling you, tell me what it is.”（*623*）

按：“越发老实叫上几声，不妨事”，意思是让她哭出声来，发泄一下，免得窝在心里想不开。应该译作“Just cry out loudly, it is okay”。

P622（第二十六回）

原文：“月娘众人劝了半日，回后边去了。止有贲四嫂同玉箫相伴在屋里。”

译文：“Then the Moon Lady and the others spoke firmly to her, and went back to the inner court, leaving Flute of Jade and Pên IV's wife to look after the woman.”（*623*）

按：“劝了半日”，应该是“consoled for a long time”。译文中的“spoke firmly to”则是“态度坚决地说”，与原文的意思不符。

36. *P624*（第二十六回） **西门庆听说宋蕙莲要上吊，也来劝她。宋蕙莲指责他是弄人的刽子手。西门庆宽慰她。**

原文：“孩儿，不关你事。那厮坏了事，所以打发他。你安心，我自有处。”

译文：“‘My child,’ Hsi-mên said, ‘I have no quarrel with you. That fellow was a scoundrel and I had to send him away.

Settle down quietly. I will look after you. ' ” *(625)*

按：“不关你事”是“That is nothing to do with you” / “It is not your fault”。译成“I have no quarrel with you”（我不和你吵），完全是译者凭对情节的理解杜撰了。

37. *P626*（第二十六回） **西门庆让潘金莲劝导宋蕙莲，宋蕙莲还是不依。**

原文：“金莲恼了，向西门庆道：‘贼淫妇他一心只想他汉子，千也说“一夜夫妻百夜恩”，万也说“相随百步，也有个徘徊意”。这等“贞节”的妇人，却拿甚么拴的住他心！’”

译文：“Golden Lotus returned and said to him: ‘That whore can think of nothing but her husband. **Everybody knows that after one night of marriage, the pleasure persists for a hundred nights; and lovers need walk but a hundred paces together for affection to remain with them for ever**. What hope do you think you have of capturing the heart of a woman as virtuous as this?' ” *(627)*

按：译文把“恼了”两字丢了。另外中间加粗的两句翻译完全不对。整段话可以试译如下：“Golden Lotus was annoyed, she returned and said to him: ‘That whore can think of nothing but her husband. She repeated these proverbs as: “One night of marriage, the couples will remember each other for at least a hundred nights”; “Walked with one for a hundred paces, you can not forget him easily” . What hope do you think you have of capturing the heart of a woman as virtuous as this?' ”

38. *P648*（第二十七回）　**潘金莲问西门庆刚才和李瓶儿干了什么，西门不承认。**

原文："妇人道：'我儿，你但行动，瞒不过当方土地。'"

译文："'My boy,' Golden Lotus said, 'you may try as hard as you like, but you will never succeed in deceiving the God who watches over Hearth and Home.'"（*649*）

按："你但行动"应该译成"if only you make a move"，而不是"你可以使劲折腾"（you may try as hard as you like）。"但"是"只要"、"一旦"的意思。

39. *P672*（第二十八回）　**潘金莲拿到陈敬济送来的鞋，才发现秋菊此前找到的鞋不是她的——其实是宋蕙莲的，就骂秋菊。**

原文："好大胆奴才！你拿谁的鞋来搪塞我，倒说我是三只脚的蟾？"

译文："'You impudent hussy,' Golden Lotus cried, 'you tried to palm somebody else's shoe off on me. You might as well call me a three-legged fox.'"（*673*）

按："蟾"即蟾蜍，英文应该是"toad"，译成"fox"不知何故。三只脚的蟾蜍是吉祥物，能赐人钱财，故俗语有"两条腿的人好找，三只脚的蛤蟆难求"。所以这里的"三只脚的蟾"有典故，表面上是因出现了第三只鞋引出来的，实际上引用了一个俗语，不能替换为狐狸。

40. *P682*（第二十九回）　**潘金莲听孟玉楼说了吴月娘对打铁棍事件的评价后，骂吴月娘事先不管束宋蕙莲，宋蕙莲死后又替孙雪娥遮掩。**

原文："吊死了，你还瞒着汉子不说。早是苦了钱好人情说下来了，不然怎了？你这等推干净，说面子话儿！"

译文："When that Wistaria hanged herself, she didn't tell her husband the truth. She spent a lot of money hushing it up. If she hadn't done so, it would not have passed over so easily. She managed to scrape out of it and now she puts on this high and mighty air."（*683*）

按："钱好"是指西门庆给知县衙门里行贿打点，与吴月娘没有一点关系。译文说吴月娘"花大笔钱遮掩了这件事"(She spent a lot of money hushing it up)，与原文不符。

41. *P738*（第三十一回）　**西门庆当了副提刑，在大厅西厢房收拾了一间书房，每日从衙门回来在外厅就先把官服脱了，让书童放在书房，然后只戴着冠帽到后边去，次日再让丫头出来取衣服。**

原文："西门庆或在那房里歇，早辰就使出那房里丫鬟来前边取衣服。"

译文："When Hsi-mên slept in this room, he would send a maid in the morning to bring his clothes from the outer court."（*739*）

按："那房里"就是"哪个房里"，这是个假设句。意思是不管西门庆在哪个房里睡，第二天就让那个房里的丫鬟到书房来拿外衣。但是译成"this room"就成了西门庆在书房里睡觉了。其实“outer court”（外厅）应该是“study”（书房）。

42. *P850*（第三十五回） **因为书童告状，西门庆借口平安没有把好门，放了白赉光进来，责打了平安。**

原文：“西门庆骂道：‘你这奴才，不要说嘴！你好小胆子儿？人进来，你在那里要钱吃酒去来，不在大门首守着！’”

译文：“‘Don’t try and deceive me with a lot of words,’ Hsi-mên cried. ‘You are a coward. Where were you gambling and drinking, that when somebody came you were not attending to your duties at the gate?’”（*851*）

按：“你好小胆子儿？”是反问句，其实是说他胆子太大。英文译成“你是个胆小鬼”（You are a coward），意思反了。应该译成：“You are not a coward.”

43. *P918*（第三十七回） **冯妈妈能说会道，对付了吴月娘。**

原文：“李瓶儿道：‘……妈妈子，不亏你这片嘴头子，六月里蚊子，也钉死了！’”

译文：“the Lady of the Vase said. ‘…Well, old woman, your mouth has been stopped. You are like the mosquitoes which come in the fourth month, those which have such a deadly bite.’”（*921*）

按：“不亏你这片嘴头子”是针对冯婆子对李瓶儿说，吴月娘非但没有骂她，“我如此支吾，调的他喜欢了，倒与我些茶吃，赏了我两个饼定出来了”，被译成“你的嘴被堵上了”（your mouth has been stopped)。其实原文里的“不亏”就是“多亏”的意思，与“亏欠”无关。译者可能理解成了“没有亏待”的意思。

44. *P942*（第三十八回） **潘金莲因西门庆在李瓶儿处吃酒，心中不快，雪夜弹琵琶，引得西门庆和李瓶儿一起来看她。**

原文：“金莲道：‘李大姐，你们自去，我不去。你不知我心里不耐烦，我如今睡也，比不的你们心宽闲散。我这两日只有口游气儿，黄汤淡水谁尝着来？我成日睁着脸儿过日子哩！’”

译文：“‘Sister,’ Golden Lotus said, ‘please go away. I shall not come. You don’t seem to realise that I am not very well. I need sleep. I have more to worry me than you have. These last few days I have had a wandering fit. Who but I would have to taste yellow soup and plain water? I have had to spend my days looking at my own face.’”（*943*）

按：“黄汤淡水谁尝着来?”意思是“我连黄汤淡水都没尝一口”。但英文翻成“除了我谁会尝黄汤淡水”（Who but I would have to taste yellow soup and plain water）。

45. *P946*（第三十九回） **西门庆要把官哥寄名在玉皇庙吴道官的庙里，正好吴道官派徒弟来送年礼，西门庆遂和他商量正月里还愿之事。**

原文：“徒弟连忙立起身来说道：‘老爹分付，随问有甚经事，不敢应承？请问老爹，订在正月几时？’”

译文：“‘Since such is your desire,’ he said, ‘even if we had

other religious duties on that day, we should put them off. '"(949)

按：英文的意思是“既使我们那天有别的经事，也会推迟它们”。这和原文意思相差较大。另外，译者还把“请问老爹，订在正月几时”漏译了。原文的意思是：“不管别人家有什么经事，我们都不敢应承。”（《金瓶梅词话》该句为“随问有甚人家经事，不敢承应”。）

46. *P974*（**第四十回**）　**王姑子给吴月娘介绍了薛姑子的安胎药后说。**

原文：“难得你明日另养出来，随他多少，十个明星当不的月！”

译文：“I give you my word that you will have a baby like a moon that not even ten bright stars can outshine."(975)

按：“十个明星当不得月”是比喻的说法，意思是说吴月娘的孩子是嫡出，比别人的孩子地位重要。“明星”比喻其他妾所生的孩子，“月”比喻吴月娘的孩子。“随他多少”则是说不管别的妾生了多少孩子。英文“你将生一个十个明星都不及他耀眼的月亮般的孩子”（you will have a baby like a moon that not even ten bright stars can outshine），一点没有传达出原文的意思。

47. *P998*（**第四十一回**）　**西门庆与乔家结亲后，在家与吴月娘议论，潘金莲不友好的插嘴惹怒了西门庆，被喝斥了一顿。一个人到吴月娘屋里去哭，孟玉楼过来看她，潘金莲发狠咒骂。**

原文：“金莲道：‘……做亲时人家好，过三年五载方了的才一个儿。’”

译文：“Golden Lotus cried. ‘… They think this is a good house to marry into; we shall see what they think in four or five years' time. This is the only child he has. ’”(*999*)

按："方"即"妨"、"克"的意思，就是不能养大。这句话非常刻毒，意思是好多孩子都活不过三年五载，潜台词是说官哥能否成人还不一定呢。芮效卫译作："People may feel well disposed toward each other at the time they make such alliances, but, more often than not, they end up feeling differently three or five years later."（*The Plum in the Golden Vase*, Vol. III, P13）比较接近原文的意思，但也不够准确。

48. *P1022*（**第四十二回**）　**正月十五狮子街看灯吃酒，西门庆私下把王六儿接了来。**

原文："应伯爵见西门庆有酒了，刚看罢烟火下楼来，因见王六儿在这里，推小净手，拉着谢希大、祝实念，也不辞西门庆就走了。"

译文："Ying Po-chüeh saw that Hsi-mên Ch'ing was a little tipsy. When the firework was burnt out, he went downstairs. Porphyry was washing her hands. He dragged Hsieh Hsi-ta and Chu Shih-nien away, without even waiting to say goodbye to his host."(*1023*)

按：原文这段话的主语都是应伯爵，译者理解出现问题，译成了"王六儿在洗手"（Porphyry was washing her hands）。其实

"小净手"是小便的意思，王六儿小便应伯爵是不可能看到的。这句话应改成："founding that Porphyry was there, he pretended to go to the washroom, and dragged…"

49. *P1040*（第四十三回） **吴月娘、李瓶儿、孟玉楼一起逗官哥开心，官哥见了李桂姐，就要她抱，吴月娘开玩笑说随他老子，长大了也是个小嫖头。**

原文："孟玉楼道：'若做了小嫖头儿，叫大妈妈就打死了。'"

译文："'If he is anything of the sort I shall ask you to beat him,' Tower of Jade said."（*1041*）

按："叫"只表示被动，译文当成实词处理，翻译成了"ask"。

50. *P1062*（第四十五回） **黄四和应伯爵商量跟西门庆借银子的事。**

原文："黄四道：'……如今我算，再借出五十个银子来，把一千两合用，就是每月也好认利钱。'应伯爵听了，低了低头儿，说道：'不打紧。假若我替你说成了，你伙计六人怎生谢我？'黄四道：'我对李三说，伙中再送五两银子与你。'伯爵道：'休说五两的话，要我手段，五两银子要不了你的。我只消一言，替你每巧一巧儿，就在里头了。'"

译文："said Huang IV, '… I want fifty silver ingots. In other words, I must borrow a thousand taels. I am prepared to pay interest monthly.' Ying Po-chüeh nodded. 'Don't worry,' he said, ‘I will see about that. But there are six of you. How much do you propose to give me?’‘I will tell Brother Li that each of us must give you five taels.’‘I think I can save that five taels for you by my cleverness,’ Po-chüeh said.”（*1063*）

按：(1)“每月也好认利钱”意思是说凑足一千两，每月好计算利息，而不是“我准备按月付息”（I am prepared to pay interest monthly）。这句应该译作：“It is easier to calculate the interests monthly.”接下来，应伯爵替黄四给西门庆说情借银子，说：“哥，你不如找足了一千两，到明日也好认利钱。”（1066）英文译作：“‘You can do that, of course,’ Ying Po-chüeh said, ‘but it would be better to make the amount a thousand taels. It is easier to calculate the interest.’”（1067）就把“认利钱”译对了。(2)“伙中再送五两银子与你”意思是另外再加五两银子（前一次伙中封了十两银子谢他的），而不是每人再给五两（each of us must give you five taels）——即三十两。该句应译作：“I will tell Brother Li to give you five taels more.”(3)“五两银子要不了你的”意思是五两太多了，但不是不要。英文译成了“可以省掉”（I can save that five taels for you）。该句应译为：“I think five taels is too much.”。

51. *P1072* **（第四十五回）　吴银儿说应伯爵。**

原文：“一方之地，也有贤有愚。可可儿一个就比一个来，俺桂姐没恼着你老人家！”

译文：“There are wise and foolish people everywhere, and

we do well not to make comparisons. My sister Cassia has annoyed you."(1073)

按：原文说"没恼着"，译成"恼着了"。

52. *P1076*（第四十五回）

原文："月娘便说：'银姐，你这等我才喜欢。休学李桂儿那等乔张致，昨日和今早，只相卧不住虎子一般，留不住的，只要家去。……'"

译文："'Why are you so pleased?' the Moon Lady asked her. 'Don't imitate Cassia, who is full of self-conceit. Both yesterday and this morning that girl has been like a raging tiger. She insisted on going home, and nothing we could do would stop her. …'"(1077)

按："你这等我才喜欢"，被译成了"你为什么这等欢喜"(Why are you so pleased)。应该译作："I like the way you are." "乔张致"也不是"充满了自信"(is full of self-conceit)的意思，而是"装模作样"(to put on airs)。"休学李桂儿那等乔张致"或可译作："Don't put on airs like Cassia."

53. *P1212*（第五十一回）　**潘金莲因西门庆在李瓶儿处歇宿，心中吃醋，遂挑拨吴月娘，说李瓶儿背地说她坏话。吴月娘很生气地说。**

原文："傻姐姐，那怕汉子成日在你屋里不出门，不想我这心动一动儿。一个汉子丢与你们，随你们去，守寡的不过。"

译文："But never mind, my foolish lady. Even if he goes to you every day, it shall not worry me. You can have him, you people who cannot bear the strain of widowhood."(1213)

按：最后三句翻译有问题。"守寡的不过"是吴月娘自指，不是针对其他妾说的。可改为："You can have him as you like, I can bear the strain of widowhood/the worst thing for me is just to bear the strain of widowhood."

54. *P1214*（第五十一回） **西门大姐把潘金莲在吴月娘面前挑拨的事儿告诉了李瓶儿，李瓶儿很是吃惊和伤心，对西门大姐说。**

原文："你娘恁觑我一场，莫不我恁不识好歹，敢说这个话？设使我就说，对着谁说来，也有个下落！"

译文："The Great Lady has been very kind to me. Do you think I don't know how to distinguish good from evil? How dare Golden Lotus say such things? I will have this out with her, face to face."(1215)

按：这段译文问题比较多。"敢说这个话"的完整表达是"我怎敢说这个话"（How dare I say such things?）。译文最后两句的意思是"我要和她当面对质"（I will have this out with her, face to face）。这并不是原文要表达的意思，正确的译法应该是："If I did say so, to whom I said? There should be somebaody to listen."其实译者翻译的这层意思，正是西门大姐想鼓动李瓶儿去做的，但李瓶儿没有接受。这段对话的原文是："大姐道：'他听见俺娘说不拘儿时要对这话，他也就慌了。要是我，你两个当面锣、对面鼓的对不是！’李瓶儿道：‘我对的过他那嘴头子？只凭天罢了。他左右昼夜算计的，只是俺娘儿两个，到明日终久吃他算计了一个去才是了当。’说毕哭了。”对于西门大姐最后的话，英文的翻译也不准，译文是“If I were you , I should certainly challenge her”，似应改为：“If I were you，I should have this out with her，face to face.”

55. *P1218*（**第五十一回**）　**应伯爵给西门庆讲王三官的妻子虽然很漂亮，但他不知满足，在外梳笼了齐香儿，又往李桂姐家里走。**

原文：“你还不知六黄太尉这侄女儿生的怎么标致，上画儿只画半边儿，也没恁俊俏相的。你只守着你家里的罢了！每日被老孙、祝麻子、小张闲三四个标着在院里，就把二条巷齐家那小丫头子齐香儿梳笼了。又在李桂儿家走，把他娘子儿的头面都拿出来当了。”

译文：“Oh，you have no idea of the beauty of Grand Marshal Huang’s niece. No artist could paint more than a half of it. I have never seen so beautiful a woman. Since you have been staying at home with your own ladies，old Sun，Pock marked Chu，and Little Chang have been spending all their time in the bawdy house with this young man. In Second Alley he has taken up with a girl called Exquisite and sometimes he goes to Cassia’s house. He stole his wife’s ornaments and pawned them.”（*1219*）

按："你只守着你家里的罢了"是针对王三官说的，意思是守着这么漂亮的媳妇，就不该往外跑。但英文译成"因为你（指西门庆）只待在家里守着你的太太们"（Since you have been staying at home with your own ladies），潜台词是没有参与到孙寡嘴、祝麻子一伙。这句应改为："The best thing for him was to stay home with his wife. But…"

56. *P1220*（**第五十一回**）

原文："西门庆道：'我说正月里都标着他走，这里借人家银子，那里借人家银子。那祝麻子还对着我捣生鬼。'"

译文："'Only a month or two ago I said they were a pack of cadgers,' Hsi-mên Ch'ing said. 'Pock-marked Chu even tried his tricks on me.'"（*1221*）

按："我说"相当于"难怪"、"怪说"，不能译成"say"。"标"同"摽"，是缠着、紧跟着的意思。译文中的"cadgers"是四处蹭好处的人。所以这段译文对原文理解有误，应改为："So it's no wander they followed him in the First month all the time, and borrowed money everywhere."

57. *P1220*（**第五十一回**）　**李桂姐给西门庆解释当日的情况，替自己开脱。**

原文："俺这妈越发老的韶刀了。就是来宅里与俺姑娘做生日的这一日，你上轿来了就是了，见祝麻子打旋磨儿跟着，从新又回去对我说：'姐姐，你不出去待他钟茶儿，却不难为嚣了人?'

他便往爹这里来了。交我把门插了不出来。谁想从外边撞了一伙人来，把他三个不由分说都拿的去了。”

译文：“the older my mother grows, the bigger fool she becomes. It was the day of my aunt’s birthday. I wanted to get into my sedan-chair and come here, but Chu went down on his knees and implored me not to come until I had at least given them a cup of tea. He made it impossible for me to get away. Suddenly a number of policemen came to arrest them.”（*1221*）

按：这段译文有几个关键字词没有弄懂，导致翻译错误。（1）“你”针对的是鸨儿——妓院的妈妈，当日要来西门家给李娇儿祝寿的是鸨儿而非李桂姐。所以后文说“他便往爹这里来了。交我把门插了不出来”。（2）“打旋磨儿”是跟前跟后绕着转圈、死乞白赖的意思，而不是下跪请求（went down on his knees and implored）。另外祝麻子请求的对象是妓院的鸨儿，而非李桂姐，最后给李桂姐下指示的当然也是鸨儿。因为李桂姐为了开脱自己，把责任都推给了鸨儿。（3）“交我把门插了不出来”，是出于保密考虑，让李桂姐从里边把门插上，防止外人进来，而不是“让我走不开”（He made it impossible for me to get away）。所以，这段译文应改为：“That day she should have got into the sedan-chair and come here, but Chu hung around her, so she turned back and said to me: ‘Sister, if you don’t go out to offer them a cup of tea, it will be too awkward.’ Then she came here, bading me to shut the door and not to go out.”

58. *P1258*（**第五十二回**）　**因为王三官包养李桂姐，孙寡嘴等人被捕，应伯爵和谢希大来聊起这件事。**

原文："西门庆道：'你两个打双陆。后边做着水面，等我叫小厮拿来咱每吃。'"

译文：Hsi-mên Ch'ing said: "You two play backgammon and I will tell a boy to buy us some noodles."（*1259*）

按：这些活动都发生在西门庆家里，"后边"只是指"后厨"，不知译者为什么会理解成"买面条"呢？

59. *P1266*（**第五十二回**）　**李桂姐因王三官事，躲到西门庆家来，陪西门庆、应伯爵、谢希大喝酒唱曲，唱的《集贤宾》最后一句词是"他那里睡得安稳"。**

原文："伯爵道：'傻小淫妇儿，他怎的睡不安稳？又没拿了他去，落的在家里睡觉儿哩。你便在人家躲着，逐日怀着羊皮儿，直等东京人来，一块石头方落地。'"

译文："'Oh, you foolish little whore,' Po-chüeh said, 'why can't you sleep in peace? Nobody's arrested you yet. Why don't you sleep at home? You managed to escape into somebody's house and still you are worried all day long. You won't be happy till the man comes back from the Eastern Capital.'"（*1267*）

按："他怎的睡不安稳？又没拿了他去"，指的是王三官，而不是李桂姐。英文应改为："Why can't he sleep in peace? Nobody's arrested him yet, and he is just sleeping at home." 应伯爵处处暗示着王三官，而这是李桂姐最不想让西门庆知道的。所以最后“桂姐被他说急了”。

60. *P1314*（第五十四回） **任医官来给李瓶儿诊脉。**

原文：“先放出李瓶儿的右手来，用帕儿包着，阁在书上。”

译文：“The Lady of the Vase put out her right hand and rested it upon a case of books wrapped in a handkerchief.”（*1315*）

按：用手帕包着的是李瓶儿的手，而不是书。译文的意思是：李瓶儿把右手放在一包用手帕包着的书上。

61. *P1344*（第五十六回） **西门庆家要添置秋衣，数量较多，裁缝缝制不及。书童、画童等了半天才拿回吴月娘的一半服装。**

原文：“只见门外书童和画童两个抬着一只箱子，都是绫绢衣服，气吁吁走进门来，乱嚷道：‘等了这半日，还只得一半。’”

译文：“Shu T’ung and Hua T’ung came in with a large chest filled with silken clothes. As they passed, they shouted: ‘We’ve been carrying these things half a day and we’re nowhere near finished yet.’”（*1345*）

按：原文的意思是嫌裁缝速度不够快，当然也有表示衣服很多的意思。但英文翻译为“我们都搬了半天了还没有完的迹象”（We’ve been carrying these things half a day and we’re nowhere near finished yet），则很不准确。

62. *P1398*（第五十八回）　**西门庆聘了温秀才，收拾了书院供他居住，安排了画童伏侍他。**

原文：“西门庆家中宴客，常请过来陪侍饮酒，俱不必细说。”

译文：“When all these arrangements were completed Hsi-mên gave a series of parties.”（*1399*）

按：原文的意思是，温秀才来了以后，西门庆家中若宴客，常请他来陪客。但译者理解成“这一切安排妥当后，西门庆举办了一系列宴会”。

63. *P1402*（第五十八回）　**潘金莲为了气李瓶儿，故意打秋菊，吵得官哥不能入睡。潘姥姥劝她，反被她骂。**

原文：“潘姥姥道：‘贼作死的短寿命，我怎的外合里应？我来你家讨冷饭吃？教你恁顿摔我！’”

译文：“‘Why! nothing of the sort,’ the old woman said. ‘I only come to get a little cold food. Why do you treat me so badly?’”（*1403*）

按：潘姥姥“我来你家讨冷饭吃”这句话，是反问句，译者理解成了陈述句，翻译成了“我只来讨点冷饭”。“讨冷饭”即“讨饭”的意思，从情理上讲，丈母娘到女婿家，并没有“讨冷饭”的道理。所以这句应改为：“I am not to come for begging.”

64. *P1404*（第五十八回）　**孟玉楼、潘金莲、西门大姐三人坐在台基子上聊天，孟玉楼说起刚才李瓶儿用一对银狮子委托薛姑子印经，被她拦住称了银子重量，将来好算成本。**

原文：“金莲道：‘恁有钱的姐姐，不赚他些儿是傻子，只相牛身上拔一根毛儿。你孩儿若没命，休说舍经，随你把万里江山舍了，也成不的。……’”

译文：“‘The nuns would be fools if they didn't make money out of rich ladies,’ Golden Lotus said. ‘To get a sum like that from her is like pulling a hair out of a cow. She wishes to save the baby's life because she knows she will never get another if this one dies, even though she gives mountains and rivers for charity. This printing of a few texts is a trifle. …’”（*1405*）

按：译文的意思是“她知道这个孩子若死了，她不会再有另一个了，所以就是舍了江山也要保他的命”（She wishes to save the baby's life because she knows she will never get another if this one dies, even though she gives mountains and rivers for charity），与原文的意思明显不同。“你孩儿若没命”以下几句似应改为：“If her son is to die, it will not help even if you give up the whole country, let alone sending the printed Buddhist scriptures.”另外，“江山”是指对国家的所有权，也不能简单地译为“山河”（mountains and rivers）。

65. *P1434*（第五十九回）　**潘金莲的雪狮子猫吓了官哥，西门庆听了大怒，摔死了猫。**

原文：“潘金莲见他拿出猫去摔死了，坐在炕上风纹也不动。待西门庆出了门，口里喃喃呐呐骂道：‘贼作死的强盗，把人妆出去杀了，才是好汉！……’”

译文：“When Golden Lotus saw her cat destroyed, she sat on

her bed and did not move. 'You thief,' she muttered as Hsi-mên Ch'ing went away, 'taking people's property and killing it. That's the sort of hero you are. …'"(1435)

按："把人妆出去杀了"和"把人家的所有物杀掉"（taking people's property and killing it）不是一个意思。杀人显然要比杀猫厉害，这话的潜台词是"有本事把我也杀了"。

66. *P1460*（第六十回） **谢希大和应伯爵互相拿对方妻子开心斗嘴。**

原文："谢希大道：'你家那杜蛮婆老淫妇，撒把黑豆只好喂猪，哄狗也不要他。'"

译文："'Your wife, the old whore,' said Hsieh Hsi-ta, 'has only black beans to feed the pigs with. If she offered them to a dog, the dog would refuse them.'"(1461)

按：谢希大的原意是说应伯爵的老婆只配与黑豆拌在一起做猪饲料，要是给狗狗都不吃。但英文译成了："你那淫妇老婆，只有些黑豆可喂猪，要是把黑豆给狗，狗不会吃。"

P1918（第七十五回） **吴月娘等到应伯爵家吃了满月酒回来，西门庆和她说起应伯爵的夫人春花，问她是不是也打扮了出来见人。**

原文："西门庆道：'那奴才，撒把黑豆只好叫猪拱罢。'"

译文："'Oh, the poor maid!' Hsi-mên said. 'If I put a few black beans on her, I'm sure some pig would run off with her.'"(1919)

按：这句译对了。

67. *P1504*（第六十二回） **李瓶儿病危时，告诉西门庆夜里经常梦见花子虚来索命。**

原文：“夜里要便梦见他拿刀弄杖，和我厮嚷。孩子也在他怀里，我去夺，反被他推我一交，说他又买了房子来，缠了好几遍，只叫我去。只不好对你说。”

译文：“…at night, I am haunted by evil dreams. Men with swords and staves quarrel and struggle with me. They snatch my baby from my breast and make to throw me on the ground. Then my former husband comes and says that he has a new house and wants me to go with him. But I did not mean to tell you this.”（*1505*）

按：（1）李瓶儿梦中来纠缠的人一直是花子虚，所以西门庆接下来安慰她说：“人死如灯灭，这几年知道他往那里去了！此是你病的久，神虚气弱了，那里有甚么邪魔魍魉、家亲外祟?”但译者没有理解这一层意思，一开头翻译成了无特指的邪魔，所以前面用了“Men”、“They”等复数词，直到最后才落实到花子虚身上，用了“my former husband”。前后出现了矛盾。（2）“孩子也在他怀里”是针对死了的官哥说的，说明官哥是遭了花子虚的阴报。李瓶儿见到失去的孩子，本能地去抢，结果被推倒在地。这句的翻译也不准，英文意思是：“他们从我的怀中抢走了孩子，把我推倒在地。”这段译文应改为：“at night, I am haunted by evil dreams. He with swords and staves quarrels and struggles with me. My baby was in his hold, I managed to snatch, he pushed to the ground. He said that he had bought a new house and wanted me to go with him. But I did not mean to tell you this.”

68. *P1522*（第六十二回）　**李瓶儿病危。**

原文："却说老冯与王姑子，晚夕都在李瓶儿屋里相伴。只见西门庆前边散了，进来看视，要在屋里睡。李瓶儿不肯，说道：'没的这屋里龌龌龊龊的，他每都在这里，不方便，你往别处睡去罢。'西门庆又见王姑子都在这里，遂过那边金莲房里去了。"

译文："In the evening, old woman Fêng and Nun Wang went to the Lady of the Vase's room. They had seen Hsi-mên Ch'ing in the front court. They proposed to stay the night with the Lady of the Vase, but she would not allow them. 'This is a foul place,' she said, 'and it would be disagreeable for you. Go and sleep somewhere else.' Hsi-mên, seeing that the nun and the old woman were there, went to sleep with Golden Lotus."（*1523*）

按：这段译文完全被"只见"误导了，译者把这个词理解实了，导致了人物身份和意思的混乱。老冯和王姑子本来就在李瓶儿房里陪着，接下来李瓶儿还要给他们分送临终的纪念物。要求在这房里住的本来是西门庆，因李瓶儿没答应，就去了潘金莲处。但译文中的"They"、"them"都是针对王姑子和老冯说的。

69. *P1570*（第六十三回）　**李瓶儿丧礼上，郑爱月来祭奠。**

原文："月娘见他抬了八盘饼馓、三牲汤饭来祭奠，连忙讨了一匹整绢孝裙与他。吴银儿与李桂姐都是三钱奠仪。告西门庆说，西门庆道：'值甚么，每人都与他一匹整绢就是了。'"

译文："The Moon Lady saw that the girl made an offering of

eight plates of cakes and three of other refreshments and she called for a white silk skirt for the girl. Cassia and Silver Maid each made an offering of three ch'iens. The Moon Lady told Hsi-mên Ch'ing and he said: 'Give each of them a silk skirt, no matter what they offer.'"（*1571*）

按："整绢孝裙"其实就是一匹绢，名义上是做孝裙用的材料，但不当场裁制，算是给吊丧的人的回礼。所以应该译作："she called for a roll of white silk as skirt material for the girl… 'Give each of them a roll of silk… '"

70. *P1656*（**第六十七回**）　**李三、黄四来还银子，西门庆不想出去见他们。**

原文："一面教陈敬济：'你拿天平出去，收兑了他的就是了，我不出去罢。'"

译文："He told Ch'ên Ching-chi to get the scales and weigh the silver. 'Then I will go and see them,' he said."（*1657*）

按：原文"不出去"被错译成了"要出去"（will go）。

71. *P1678*（**第六十七回**）　**西门庆在书房打盹，梦见了李瓶儿"身穿糁紫衫、白绢裙，乱挽乌云，黄恹恹面容"，与他讲了自己死后的遭遇。潘金莲有事找到书房，发现西门庆表情悲戚，就嘲弄他。**

原文："西门庆道：'怪小淫妇儿，又乱说白道起来。'因问：'我和你说正经话，前日李大姐装椁，你每替他穿了甚么衣服在身底下来?’金莲道:‘你问怎的?’西门庆道:‘不怎的,我问声儿。’金莲道:‘你问必有缘故。上面穿两套遍地金段子衣服,底下是白绫袄、黄绸裙,贴身是紫绫小袄、白绢裙、大红小衣。’西门庆点了点头儿。金莲道:‘我做兽医二十年,猜不着驴肚里病?你不想他,问他怎的?’西门庆道:‘我才方梦见他来。’”

译文:“‘Don’t be so silly, you little strumpet,’ Hsi-mên said. ‘I want to ask you something. That day when the Sixth Lady was put into her coffin, what clothes did you wear?’ ‘Why do you wish to know?’ ‘No particular reason,’ said Hsi-mên, ‘I just wish to know.’ ‘There must be some reason,’ Golden Lotus said. ‘Well, I wore silk, a white silk coat and a yellow silk skirt. And underneath, I wore a purple jacket, a white skirt and red vests.’ Hsi-mên Ch’ing nodded. ‘I have been an animal’s doctor for twenty years,’ Golden Lotus continued, ‘but what is the matter with your donkey’s stomach, I can’t for the life of me make out. If you are not thinking about the Lady of the Vase, of whom are you thinking?’ ‘I have seen her in a dream,’ Hsi-mên Ch’ing said.”(*1679*)

按:(1)西门庆因梦中见到李瓶儿穿着“糁紫衫、白绢裙”,心里疑惑,所以问潘金莲李瓶儿入殓时的穿着,但译者理解错误,翻译成了问潘金莲当时穿的什么衣服,而潘金莲的回答也成了自我解释。这造成了译文表述的混乱。(2)“猜不着驴肚里病”是反问句,意思是一猜就准,结果翻译成了“一辈子也弄不清”(I can’t for the life of me make out),与原文意思反了。(3)“你问怎的”这句，准确的译法是：“Why do you ask this?”

72. *P1682*（**第六十七回**）　**应伯爵生了儿子，因洗三没钱，来跟西门庆求助，想借二十两银子。西门庆慷慨地送了他五十两。**

原文：“伯爵道：‘忒多了。’西门庆道：‘多的你收着。眼下你二令爱不大了？你可也替他做些鞋脚衣裳，到满月也好看。’”

译文：“‘But this is too much,’ Po-chüeh said. ‘You say your second daughter is growing up,’ said Hsi-mên; ‘buy her some new clothes, and, later on, she will be glad of them.’”（*1683*）

按：“好看”是体面、不寒酸的意思，而不是“让她高兴”（she will be glad of them）。这句把“满月”没译出来，因为那是一个仪式，有客人来，所以家里人得穿新衣服。似乎可译为：“buy her some new clothes, and, when you celebrate the baby's first full month, she will be decently dressed.”/“… during the ceremony of you son's first month, she will be dressed prettily.”

73. *P1682*（**第六十七回**）　**西门庆替黄四摆平了他丈人孙清和小舅子孙文相的官司。**

原文：“伯爵道：‘造化他了。他就点着灯儿，那里寻这人情去？你不受他的，干不受他的。虽然你不稀罕，留送钱大人也好。……’”

译文：“‘What luck for them!’ Po-chüeh exclaimed. ‘They would never find anybody else like you. No, not even if they took a lantern to look. And you wouldn't take anything from them, either dry or wet. But though you would not accept a present from them, you must take the money you had to spend on Ch'ien. …'"（*1683*）

按："干不受"是"白不要"的意思，与干湿无关。英文作"无论干湿"（either dry or wet），显然是没理解这个词的真实含义。

74. *P1684*（**第六十七回**）　**应伯爵得了银子，西门庆进里面对吴月娘讲了他得儿子的事。**

原文："西门庆道：'……到满月，不要饶花子，奈何他好歹发帖儿，请你们往他家走走去，就瞧瞧春花儿怎么模样。'月娘笑道：'左右和你家一般样儿，也有鼻儿，也有眼儿，莫不差别些儿！'"

译文："Hsi-mên said, 'and we will ask Beggar Ying to send us an invitation to the ceremony of the first month. Then we shall see what Ch'un Hua looks like.' 'I don't suppose she's any different from any other woman,' the Moon Lady said, laughing. 'She has eyes and a nose, just like everybody else.'"（*1685*）

按："你家"是"你家女人"（the women in your house）省称，是针对西门庆说的，这样说更有夫妻之间的幽默感。翻译成"其他女人"（any other woman）意思就不准了。

75. *P1790*（**第七十一回**）　**西门庆与何太监商量买夏提刑的房子。**

原文："何太监道：'他要许多价值儿？'西门庆道：'他对我

说，原是一千三百两，又后边添盖了一层平房，收拾了一处花亭。老公公若要，随公公与他多少罢了。’”

译文：“‘How much does Hsia want for it?’ the eunuch said. ‘He told me he paid thirteen hundred for it,’ Hsi-mên said, ‘and later, he built an extra wing and made a garden. If your Excellency cares for the idea, I should offer any sum you consider suitable.’”（*1791*）

按：最后一句，英文的意思是“你认为多少合适我会提供”，这和原文的意思是相反的。原文的意思是：“老公公你随便给点。”

76. *P1812*（**第七十二回**）　**西门庆和夏提刑上京朝见后，吴月娘因家中妇女多，恐惹是非，管理甚严。**

原文：“这潘金莲因此不得和敬济勾搭，只赖奶子如意备了舌，逐日只和如意儿合气。一日，月娘打点出西门庆许多衣服、汗衫、小衣，教如意儿同韩嫂儿浆洗。不想这边春梅也洗衣裳，使秋菊问他借棒槌。这如意儿正与迎春搥衣，不与他，说道：‘前日你拿了个棒槌，使着罢了，又来要！趁韩嫂在这里，要替爹搥裤子和汗衫儿哩。’”

译文：“Golden Lotus could see nothing of Ching-chi. One day, the nurse, Heart’s Delight, gave her an opportunity to make trouble. The Moon Lady took some of Hsi-mên Ch’ing’s clothes, shirts, and underclothes to Heart’s Delight, and told her and Madam Han to wash and iron them. Plum Blossom was washing at the same time, and she sent Chrysanthemum to borrow the dollypin. Heart's Delight and Welcome Spring were using it, and they would not give it up. 'You borrowed it only the other day,' Heart's Delight said, 'and here you are, after it again. We have all these shirts and clothes of our master's to do while Madam Han is here.'"(*1813*)

按：(1) 英文把"只赖奶子如意备了舌，逐日只和如意儿合气"两句漏译了，译文中"One day, the nurse, Heart's Delight, gave her an opportunity to make trouble"(一日，奶子如意儿合该出事)两句，则是译者加上去的。(2)"前日你拿了个棒槌，使着罢了，又来要!"原文的意思是"已经有一个在你那了，干吗还来要呢?"说明两次借的是不同的棒槌。译者没有理解这层意思，翻译成了："你几天前刚借过，怎么又来借它了?"表述成了两次借的是同一个棒槌，把庞春梅霸道找茬的意味冲淡了。

77. *P1814* **(第七十二回)　　潘金莲打如意儿时骂她。**

原文："你背地干的那茧儿，你说我不知道? 就偷出肚子来，我也不怕!"

译文："You think I don't know the games you play with him on the sly. But I do know, and I'm not afraid to say so."(*1815*)

按："偷出肚子"就是潘金莲说的"捅出孩子"，译者大概不理解这句意思，把它漏掉了。应该改为："You think I don't know the games you play with him on the sly. Even if you get a child with him, I'm not afraid."

78. *P1858*（第七十三回）　**孟玉楼生日，西门庆、吴大舅、温秀才、应伯爵一起喝酒，李铭在前面弹唱。**

原文："琴童拿将寿面来，西门庆让他三人吃。自己因在后边吃了，就递与李铭吃。那李铭吃了，又上来弹唱。"

译文："Ch'in T'ung brought them some birthday noodles. Hsi-mên Ch'ing pressed them to set to, and went to eat his own with the ladies in the inner court. Li Ming had something to eat too, then came back to sing for them again."（*1859*）

按："自己因在后边吃了，就递与李铭吃"是说西门庆因此前已在内院里吃过了，就把自己那份递给李铭吃了。英文翻译成："西门庆逼着他们吃，自己到后面和妻妾一起吃他的。李铭也吃了点东西……"（Hsi-mên Ch'ing pressed them to set to, and went to eat his own with the ladies in the inner court. Li Ming had something to eat too…）意思完全错了。这句应该改为："Hsi-mên Ch'ing let them to set to, because he had eaten noodles with the ladies in the inner court, he gave his noodles to Li Ming. After finishing the noodles, Li Ming came back to sing for them again."

79. *P1912*（第七十五回）　**春梅让春鸿叫申二姐唱曲。**

原文："申二姐道：'你春梅姑娘他稀罕怎的，也来叫我？有郁大姐在那里，也是一般。我这里唱与大妗奶奶听哩。'"

译文："'Why does she want me?' Miss Shên said. 'Miss Yü is there.'"（*1913*）

按："你春梅姑娘他稀罕怎的"这句，译文没有传达出来，这句话有藐视庞春梅的意思，所以引起了庞春梅发怒。这句应译为："What an important person Plum Blossom is, and she call me."

P1912（第七十五回） **庞春梅听了春鸿的回话，勃然大怒，指着申二姐一顿大骂。**

原文："韩道国那淫妇家兴你，俺这里不兴你。你就学与那淫妇，我也不怕。"

译文："That whore, Porphyry, may think a lot about you, but, I assure you, I don't. I don't care how much you try to follow in her footsteps, I'm not afraid of you."（*1913*）

按："学与"是向别人传话的意思，英文翻译成了"步她的后尘"（to follow in her footsteps）。

P1922（第七十五回） **西门庆听吴月娘说孟玉楼病了，赶快过来嘘寒问暖，叫丫鬟兰香拿茶来给孟玉楼吃。**

原文："西门庆亲手拿在他口边儿吃。妇人道：'拿来，等我自吃。会那等乔劬劳，旋蒸热卖儿的，谁这里争你哩！今日日头打西出来，稀罕往俺这屋里来走一走儿。……'"

译文："Hsi-mên took it and held it to Tower of Jade's lips. 'Give it to me,' she said, 'I will drink it by myself. Don't try to be pleasant. Go and sell your hot pies where they are wanted. I am not jealous. The sun must have risen in the west today, since you come to see me…'"（*1923*）

按：这段译文有两个错。"乔劬劳"是假装忙乎，应该译为"pretending to be so busy"。"旋蒸热卖"有逢场作戏的意思，即不是有准备的。这层意思没译出来。

80. *P1932*（第七十五回） **吴月娘和潘金莲为庞春梅骂申二姐吵了起来。**

原文：“金莲道：‘是我的丫头也怎的？你每打不是！我也在这里，还多着个影儿哩。……’”

译文：“‘What about my maid?’ Golden Lotus cried. ‘You think she is bad, and you would like to get rid of me. …’”（*1933*）

按：“你每打不是！我也在这里，还多着个影儿哩。”这三句译者没有理解对，潘金莲是在给吴月娘示威，意思是：“我的丫头你们打啊！我也在这儿，加上我的影子一起，全都让你们打。”结果英文翻成了“你们觉得她不好，却想除掉我”（You think she is bad, and you would like to get rid of me）。可改为：“Why don’t you beat her? I am here too, and with a shadow of mine.”

P1932（第七十五回） **接下来。**

原文：“那月娘口里话纷纷发出来，说道：‘你害杀了一个，只多我了。’”

译文：“But the Moon Lady went on. ‘You have killed one husband already, and now you are trying to kill another.’”（*1933*）

按：吴月娘所说的被潘金莲害杀的那“一个”，其实指李瓶儿，而不是武大。“只多了我了”就是“只剩下我了”，即下一个就该我了。英文的意思则是：“你已经杀了一个丈夫，现在又想杀另一个。”

81. *P1932*（第七十五回）　**潘金莲和吴月娘吵架，吴月娘骂她“你害杀了一个，只多我了”。**

原文：“那潘金莲见月娘骂他这等言语，坐在地下就打滚撒泼。自家打几个嘴巴，头上髻都撞落一边，放声大哭，叫起来，说道：‘我死了罢，要这命做甚么，你家汉子说条念款说将来，我趁将你家来了！这也不难的勾当，等他来家，与了我休书，我去就是了。你赶人不得赶上。’月娘道：‘你看，……就是了，……泼脚子货，别人一句儿还没说出来……你看他嘴头子，就相淮洪一般。他还打滚儿赖人，莫不等的汉子来家，把我别变了。你放恁个刁儿，那个怕你么?’”

译文：“Golden Lotus sat down on the floor and rolled about. She banged her face on the ground and knocked the hair net from her head. She cried aloud. ‘Let me die!’ she shouted. ‘Why should I go on living a miserable life like this? You were married in due and proper manner: I only followed him to the house. Very well! There need be no more difficulty, I will ask him to set me free. I will go, but I fear that, if you imagine you will capture a husband thereby, you are mistaken.’ ‘Now, you disturber of the peace,’ the Moon Lady said, ‘before one can get a word out, you pour forth a stream of words. You roll about on the floor. You put all the blame on us. Will you ask my husband to divorce me? Don’t think anybody is afraid of you, even if you are so clever.’”（*1933*）

按：（1）第一句“你赶人不得赶上”，意思是做事要留余地，不能逼人太甚。《水浒传》第二回“陈达大怒道：‘赶人不要赶上，休得要逞精神。’”译者将其译成：“I will go, but I fear that, if you imagine you will capture a husband thereby, you are mistaken.”（别以为我走了你就能抓住汉子，那可错了）其实最后一句应该译作：“Don’t threaten me too hard.”（2）第二句吴月娘说的：“你放恁个刁儿，那个怕你么?”“放刁”就是撒泼、耍赖的意思。译者理解成了“耍小聪明”（even if you are so clever）。正确的译法应该是：“You make such a fuss, don’t think anybody is afraid of you.”

P2252（**第八十六回**）　**吴月娘要遣发潘金莲出门。**

原文：“金莲见势头不好，料难久住，便也发话道：‘你打人休打脸，骂人休揭短！有势休要使尽了，赶人不可赶上。我在你家做老婆，也不是一日儿，怎听奴才淫妇戳舌，便这样绝情绝义的打发我出去！我去不打紧，只要大家硬气，守到老没个破字儿才好。’”

译文：“Golden Lotus saw that things were in a bad way for her. She realised that now she must leave this house. ‘If you must beat a man,’ she said, ‘do not strike him on the face; and if you quarrel with anyone, do not talk about his faults. You have the upper hand now, but do not abuse your power. I have been here many years. Why should you drive me away without mercy, because you listen to the tittle tattle of slaves and serving women? I will go. It is all the same to me. I warn you, though, that you and others will have to stay here to the ends of your lives. See that you don’t bring scandal upon yourselves.’”（*2253*）

按："赶人不可赶上"，译作"不要滥用权力"（but do not abuse your power），也不准确。

82. *P1950*（第七十六回）　**吴月娘和潘金莲吵架后，请了任医官来诊脉。吴月娘开始不愿出去，经大家劝说才见了医生。**

原文："李娇儿、孟玉楼众人，都在月娘屋里装定果盒，搽抹银器。因说：'大娘，你头里还要不出去，怎么他看了就知道你心中的病？'月娘道：'甚么好成样的老婆，由他死便死了罢。可是他说的："你是我婆婆？无故只是大小之分罢了。我还大他八个月哩，汉子疼我，你只好看我一眼儿罢了。"他不讨了他口里话，他怎么和我大嚷大闹。若不是你每撺掇我出去，我后十年也不出去。……'"

译文："Picture of Grace, Tower of Jade and the other ladies were busy in the Moon Lady's room, getting the fruit ready and cleaning the silver. 'You didn't want to come out to see the doctor,' Tower of Jade said to the Moon Lady, 'but, you see, he knew exactly what was wrong the moment he looked at you.' 'I am not a good respectable wife,' the Moon Lady said, 'and, if I am going to die, why don't you let me die in peace? That woman said I was not her mother-in-law. The only difference between us, I suppose, is that I am eight months older than she is. If she hadn't made sure of our husband, do you think she would have dared to shout and rave at me as she did? If you hadn't taken her away, I should not have escaped in ten years…'"（*1951*）

按：这段译文有三个问题。（1）“无故只是大小之分罢了。我还大他八个月哩。”这是潘金莲的话，潘金莲实际比吴月娘大八个月，她这么说有不尊重吴月娘正室身份的意思，有点拿大，不知高低。译者把这几句理解成了吴月娘的话，译为：“The only difference between us, I suppose, is that I am eight months older than she is.”（我想，我们之间的唯一差别是我比她大八个月）这句似应改为：“The only difference between us is age, and she is eight months older than me.”（2）潘金莲带有炫耀性的两句话“汉子疼我，你只好看我一眼儿罢了”，在译文中漏掉了。这对于表现潘金莲的跋扈很关键。应译为：“Our husband only loves me, what can you do with me?”（3）“若不是你每撺掇我出去，我后十年也不出去”，是针对大家劝她出去见任医官而言的，译者理解成大家把潘金莲劝走，让吴月娘得到了解脱。译文“If you hadn't taken her away, I should not have escaped in ten years”的意思是：“若不是你们把她弄走，我十年也逃不开。”正确的译法应该是：“If you hadn't persuaded me, I wouldn't have go out for ten years.”

83. *P1976* **（第七十六回）　吴月娘看望夏提刑的娘子回来，说起贲四的女儿做了夏家的丫头，很受抬举。**

原文：“夏大人娘子好不喜欢抬举他，也不把他当房里人，只做亲儿女一般看他。”

译文：“Mistress Hsia was pleased that I treated her maid so kindly. She is very fond of the girl and has regarded her rather as a daughter than as a maid."（*1977*）

按："喜欢抬举"是"喜欢器重"的意思，主语都是"夏大人娘子"，译者把"抬举"的主语当成了吴月娘，这句就译成了"夏大人娘子很高兴我对她的丫头这么好"（Mistress Hsia was pleased that I treated her maid so kindly）。致误的原因是瑞云（贲四女儿名字）来给吴月娘磕头时，月娘给了她两枝金花。

84. *P2062*（**第七十八回**）　**庞春梅到李瓶儿的房子里去看潘姥姥，回来时西门庆正和潘金莲行乐。**

原文："春梅便归这边来，推了推角门，开着，进入院内。只见秋菊正在明间板壁缝儿内，倚着春凳儿，听他两个在屋里行房。"

译文："When Plum Blossom went home, she opened the corner door and went through the courtyard. Chrysanthemum was in the middle room, standing on a small bench and peeping through the partition. She was spying on the pair in the other room."（*2063*）

按："倚着春凳儿"翻译成了"站在小凳儿上"（standing on a small bench），"听"译成了"偷窥"（peeping），都与原文不符。特别是把"听"译成"偷窥"后，和接下来春梅与秋菊的对话就失去了照应。春梅看到秋菊在偷听，打了她一耳刮子，骂她说："贼少死的囚奴，你平白在这里听甚么？"（"You young rascal!" she said. "What do you mean by listening there?"）秋菊则辩解道："我这里打盹，谁听甚么来，你就打我？"（I was dozing. I wasn't listening at all. Why do you come and hit me?）前后都围绕个“听”字做文章。另，前句译成“站在小凳儿上”，使秋菊自辩的“打盹”行为不合逻辑。

85. *P2090*（第七十九回） **西门庆开始发病后，潘金莲仍不节制纵欲，趁其酒醉，给他过量服用了胡僧所给的药，造成西门庆精尽血出，病情加剧。**

原文：“金莲问：‘你今日怎的流出恁许多来？’更不说他用的药多了。”

译文：“‘What makes you yield so much today?’ Golden Lotus said. ‘You must have taken too much medicine.’”（*2091*）

按：“更不说他用的药多了”是作者的叙述语，不是潘金莲的话。此话的意思是说潘金莲隐瞒了给他服药过量的事。所以这句应改为：“But didn't mention that he had taken too much medicine.”

86. *P2098*（第七十九回） **西门庆病情日渐加重，吴月娘劝他找医生看看。**

原文：“你偌大的身量，两日通没大好吃甚么儿，如何禁的？”

译文：“You haven't had a proper meal for two or three days. Besides, you really are very much swollen.”（*2099*）

按：“偌大的身量”是说西门庆块头很大，但译者理解成了“肿得厉害”（very much swollen）。这可能是受了前面描述的西门庆病情的影响。“西门庆只望一两日好些出来，谁知过了一夜，到次日，内边虚阳肿胀，不便处发出红瘰来，连肾囊都肿的明滴溜如茄子大。”这里的“茄子”应该是英文的“eggplant”，译者将其翻译成了“tomato”（西红柿）。译文原文为：“He expected to be better in a day or two, but when one day had passed his warrior swelled up and there were red scrofulous spots on it. The testicles were swollen too, and as bright-coloured as a tomato.”中文用“茄子”形容肿胀的大小，译文用“西红柿”形容肿物的颜色。强调的重点都变了。

87. *P2106*（**第七十九回**）　**西门庆病情加剧，医药无效。**

原文：“见吃药不效，一面请了刘婆子，在前边卷棚内与西门庆点人灯跳神。”

译文：“They realised that the medicine had done him no good and sent for old woman Liu to light a spirit lamp that they might know whether he would live or die.”（*2107*）

按：“跳神”的目的是为了驱鬼除病，而不是“预测他的生死”（they might know whether he would live or die）。这里没有把“跳神”译出来，译文的意思成了“点人灯预测他的生死”。“点人灯跳神”就是“点上人灯跳神”的意思。这句可改为：“sent for old woman Liu to light a spirit lamp and drive the ghost.”

88. *P2116*（**第七十九回**）　**西门庆死时儿子孝哥出生。**

原文：“就把孩子起名叫孝哥儿，未免送些喜面与亲邻。”

译文："She called the baby Hsiao Ko. The neighbours sent noodles as a token of congratulation."（*2117*）

按："送喜面与亲邻"是给亲邻送面条报喜的意思。英文译成了"亲邻送喜面来祝贺"，完全反了。

89. *P2128*（**第八十回**）　**西门庆死后，潘金莲和陈敬济勾搭成奸。**

原文："于是赶人散一乱，众堂客都往后边去了，小厮每都收家活，这金莲赶眼错，捏了敬济一把，说道：'我儿，你娘今日成就了你罢。趁大姐在后边，咱就往你屋里去罢。'敬济听了，得不的一声，先往屋里开门去了。妇人黑影里，抽身钻入他房内。"

译文："Now, when the guests were going away, and the ladies withdrawing to the inner court, Golden Lotus came close to Ching-chi and pinched him. 'My son,' she said, 'tonight your mother will give you what you want. Your wife is here, so you must come to my place.' Ching-chi was delighted. He went to open the gate, and Golden Lotus ran through the darkness to her room."（*2129*）

按：原文的意思很清楚，是说西门大姐在后面陪众堂客，陈敬济的屋子里没人，潘金莲约到他的屋里去相会。但译者误会成西门大姐"在这里"（is here），潘金莲约陈敬济去自己的屋里。该句应改为："'My son,' she said, 'tonight your mother will give you what you want. Your wife is in the inner court, so we can go to your room.' Ching-chi was delighted. He went to open the gate, and Golden Lotus ran through the darkness to his room."

90. *P2136*（第八十回） **埋葬了西门庆之后，李娇儿和吴二舅之间有了传言。**

原文："嚷的月娘知道，把吴二舅骂了一顿，赶到铺子里做买卖，再不许进后边来。"

译文："The Moon Lady was told of these things. She scolded Uncle Wu II, and would not let him have any more to do with the shop."（*2137*）

按："赶到铺子里做买卖，再不许进后边来"，被译者误会成了"不让他再管铺子里的事"（and would not let him have any more to do with the shop）。吴二舅在狮子街看铺子，还算比较可靠。这时候如果不用他，就没人可用了。这几句应改为："The Moon Lady was told of these things. She scolded Uncle Wu II, drove him to the shop, and would not let him come in the inner court any more."

91. *P2160*（第八十一回） **来保从扬州回来，欺心昧财，被人揭发，便自伐其功，对众人说。**

原文："如今还不道俺每一个'是'，说俺转了主子的钱了，架俺一篇是非。正是割股的也不知，燃香的也不知，自古'信人调，丢了瓢'。"

译文："Yet nobody has a kind word for me. You talk about

my getting money by robbing my master, and things of that sort. The one who cuts off the leg doesn't know, and the one whose leg is cut off doesn't know either. The proverb says: Don't believe scandal-mongers or you will lose your calabash. Don't believe lies, or you will lose your net."（2161）

按："正是割股的"以下数句，英文翻译莫名其妙，令人不知所云。芮效卫译作："Truly: He who donates his flesh is not acknowledged, he who furnishes incense is not acknowledged. It has always been the case that: To defer when you differ, is to give up the dipper."（*The Plum in the Golden Vase*, Vol. V, P15）

92. *P2220*（第八十五回） **潘金莲和陈敬济的奸情败露后，西门大姐骂陈敬济。**

原文："两个弄的好砂儿，只把我合在缸底下一般。那淫妇要了我汉子，还在我面前拿话儿拴缚人。"

译文："The best thing would be to put you and her together in a big jar. And that whore, who has stolen my husband, swaggers about in my presence!"（2221）

按："只把我合在缸底下一般"，就是"只把我瞒得严严实实"的意思，"合"有"扣"的意思。译文的意思变成了"最好把你和她一起放到个大缸里"（The best thing would be to put you and her together in a big jar）。"拴缚"有笼络、压制的意思，但"swaggers about"表达的是"理直气壮"、"盛气凌人"的意思，完全不能体现原文的意思。这段话应改为："You two have done the good thing, just deceived me. And that whore, who has stolen my husband, had so much to say before me!"

93. *P2230*（第八十五回） **吴月娘让媒婆薛嫂领春梅出去卖掉，薛嫂来找潘金莲说明情况。**

原文："薛嫂道：'春梅姐说，爹在日曾收用过他。'"

译文："'I suppose his Lordship, when he was alive, took his pleasure with Sister Plum Blossom,' the old woman said."（*2231*）

按：西门庆收用过庞春梅，这事是庞春梅告诉薛嫂的，而不是薛嫂"猜"（suppose）的。这句应改为："'Sister Plum Blossom told me, when his Lordship was alive, he had taken his pleasure with her,' the old woman said."

94. *P2234*（第八十六回） **陈敬济听说薛嫂领走了春梅，特来相见，给了薛嫂一两银子。**

原文："那薛嫂见钱眼开，说道：'好姐夫，自恁没钱使，将来谢我！只是我去年腊月，你铺子当了人家两副扣花枕顶，将有一年来，本利该八钱银子，你寻与我罢。'"

译文："Then the old woman agreed. 'I am not in any need of money at the moment,' she said. 'Perhaps you will keep it for me and give it me some other time. But one thing I do want. At the end of last year, I pawned two pairs of embroidered pillow ends at your pawn-shop. That is about twelve months ago and, including the interest, I should probably have to pay eight chi'ens of silver. Will you get them for me?'"(2235)

按："自恁没钱使，将来谢我"是客气话。英文译文的意思则是："我现在并不急着用钱，你可以留到将来再给我。"(I am not in any need of money at the moment. Perhaps you will keep it for me and give it me some other time.）"将来"在这里是动词，即"拿将来"的意思，与英文动词"take"、"bring"同义，不是表时间的副词"future"。

95. *P2260*（第八十七回）　**吴月娘遣发了潘金莲，就要卖秋菊，让春鸿去找薛嫂。春鸿在路上遇到了应伯爵。**

原文："（应伯爵）又向春鸿说：'孩儿，你爹已是死了，你只顾还在他家做甚么，终是没出产。你心里还要归你南边去？还是这里寻个人家跟罢。'"

译文："Then he said to Ch'un Hung: 'My boy, now that your master is dead, why do you stay there? You will never do any good. I know you would prefer to be in the south. Why don't you go to your native place and get a job there?'"(2261)

按：最后两句理解不对。应改为："I wonder if you want to go to the south, or to get a new job here?"

96. *P2266*（第八十七回）　**春梅听说潘金莲被打发出了西门家，就哭劝周守备把她也娶了来。但王婆一口咬定要一百两银子，几次往返，谈不妥。**

原文："这周忠就恼了，分付李安把银子包了，说道：'三只脚蟾便没处寻，两脚老婆愁寻不出来！这老淫妇连人也不识。……’”

译文：“This made Chou Chung angry. He told Li An to wrap up the money again. ‘Do you think that I, a three-legged frog, am not able to find a two-legged woman?’ he said. ‘You old whore! You don't seem to realise whom you are dealing with…’”(2267)

按：“三只脚蟾便没处寻，两脚老婆愁寻不出来”，意思是女人并不是什么稀罕货。但英文却译成了：“你以为我这个三只脚的青蛙，就找不到个两条腿的女人?”(Do you think that I, a three legged frog, am not able to find a two legged woman?) 这几句应改为：“It is hard to find a three legged toad, but not a two legged woman.”

97. P2270（第八十七回）　武松找王婆提出要娶潘金莲。

原文：“那妇人在帘内听见武松言语，要娶他看管迎儿，又见武松在外出落得长大身材，胖了，比昔时又会说话儿，旧心不改，心下暗道：‘我这段姻缘还落在他手里。’”

译文：“On the other side of the lattice, Golden Lotus heard all that was said. She heard Wu Sung say that he wanted to marry her in order to have someone to look after Jasmine. She noticed that, after these years of absence, Wu Sung seemed a more powerful man than ever. He spoke very agreeably. He seems to have given up his old ideas, she thought, and now is ready for marriage.”(2271)

按：“旧心不改”是指潘金莲，但译者错当成了武松。最后三句，英文的意思成了："她心想，看样子他已放弃了老观念，现在想要结婚了。"（He seems to have given up his old ideas, she thought, and now is ready for marriage.）这几句应改为："She wouldn't give up her old ideas, and thought, 'So my marriage is to be settled with him after all.'"

98. *P2272*（第八十七回） **武松一番言语后。**

原文："这婆子听见，喜欢的屁滚尿流。"

译文："This made the old woman so pleased that she farted and piddled with delight."（*2273*）

按："屁滚尿流"不能这样照字面义直译。芮效卫译作："Upon hearing these words, Dame Wang was pleased enough to: Fart ferociously and pee in her pants."（*The Plum in the Golden Vase*, Vol. V, P122）也太过直译。此句最好意译为："This made the old woman so pleased that she could hardly control herself."或者："The old woman was horrifyingly thrilled to hear this."

99. *P2452*（第九十五回） **平安偷了当铺里的一幅金头面，被吴典恩抓了，吴月娘叫傅伙计拿了领状去认领赃物。**

原文："傅伙计拿状子到巡检司，实承望吴典恩看旧时分上，领得头面出来，不想反被吴典恩老狗奴才尽力骂了一顿。叫皂隶拉倒要打，褪去衣裳，把屁股脱了半日，饶放起来。"

译文："Fu took the paper to the office, quite sure that his old friend Wu Tien-ên would give him the things at once. To his surprise, he was called an old dog. Indeed Wu Tien-ên ordered his attendants to take off Fu's clothes and flog him."（2453）

按：吴典恩恩将仇报，不认旧情是真，但对傅伙计只是吓唬了一下，虽脱了裤子，并没有真打。英文译成“脱掉傅伙计的裤子打了他”（take off Fu's clothes and flog him），不符合原文意思。

100. *P2506*（**第九十七回**）　**周忠出征前对庞春梅交代家事。**

原文：“守备对春梅说：‘你在家看好哥儿，叫媒人替你兄弟寻上一门亲事。我带他个名字在军门，若早侥倖得功，朝廷恩典，升他一官半职，于你面上也有光辉。’”

译文：“Before he set out on this expedition, he said to Plum Blossom: 'Watch carefully over the baby, and send a go-between to arrange a marriage for your cousin. Then I will take him to the field with me. If he has good fortune and does his duty to his Emperor, he will get official rank, and that will be pleasant for you.'”（2507）

按：“带名”其实有吃空饷的意思，等到出征有功，向朝廷报功时再把空头名字填在军功谱上，即可获赏。这是一种腐败之行。译者不理解，译成了“我要带他跟我上战场”（I will take him to the field with me）。

101. *P2526*（第九十八回）　**陈敬济在临清码头经营酒店生意，意外地碰到了从东京回来的韩爱姐一家三口。两人私会时，韩爱姐问他借五两银子。**

原文："韩爱姐便将金簪子原插在他头上，又告敬济说：'自从三口儿东京来，投亲不着，盘缠缺欠。你有银子，乞借与我父亲五两，奴按利纳还，不可推阻。'敬济应允，说：'不打紧。姐姐开口，就兑五两来。'两个又坐了半日，恐怕人谈论，吃了一杯茶，爱姐留吃午饭，敬济道：'我那边有事，不吃饭了，少间就送盘缠来与你。'"

译文："She put the gold pin back into his hair. 'My parents and I came from the Eastern Capital to visit our kinsman,' she said. 'We are very poor and, if you have any money with you, I will ask you to give my father five taels and I will pay it back to you with interest.' 'I will lend it to him without interest, since you ask,' Ching-chi said. He gave her the five taels and sat with her for a long time. But he did not wish anyone else to know what was happening, so he would only take a cup of tea with her, and when she asked him to stay and have something to eat, he declined. 'I can't stay now,' he said, 'I have some business to attend to. I will bring you some more money.'"（*2527*）

按：从原文看，陈敬济第一次是答应了，说："姐姐开口，就兑五两来。"后面临走前，又重申了一遍："少间就送盘缠来与你。"当场并没有给钱。但英文翻译成爱姐开口后，他"先给了五两"(He gave her the five taels)；临别时又许诺"我会再给你些钱”（I will bring you some more money）。大概是译者没有理解前后两次都是陈敬济与爱姐的对话，将其当成叙述文字处理了。

102. *P2542*（第九十九回）　**守备府主管张胜的小舅子刘二打了王六儿，陈敬济想为她报仇。**

原文："到次日，心心念念要告春梅说，展转寻思：'且住，等我慢慢寻张胜那厮几件破绽，亦发叫我姐姐对老爷说了，断送了他性命。叵耐这厮，几次在我身上欺心，敢说我是他寻得来，知我根本出身，量视我禁不得他。'"

译文："The next day, he was several times on the point of telling her about Porphyry, but, whenever he thought about it, he decided to say nothing. 'I will wait and see if Chang Shêng does not do something wrong,' he said to himself. 'Then I will tell Plum Blossom, and the General will put an end to him. I have never sought trouble with that fellow, but he has bullied me several times. It is his fault, not mine.'"（*2543*）

按：（1）"敢说我是他寻得来，知我根本出身"，是针对张胜寻找他这件事来说的，译文没有体现出来。（2）"量视我禁不得他"，是说小瞧我拿他没办法。英文最后两句的意思是："这是他的错，而不是我的。"（It is his fault, not mine.）跟中文原文毫无关系。这几句应改为："… he has bullied me several times, saying it was him who found me back. He knew all my stories, and thought I can do nothing to him."

六　省略和漏译

1. *P18*（第一回）　**西门庆让玳安去通知花子虚关于结十兄弟会的事儿。**

原文：“‘……看他怎的说，你就来回我话。你二爹若不在家。就对他二娘说罢。’玳安儿应诺去了。”

译文：“‘… When you have heard what he says, come back and tell me.’”（*19*）

按：原文后面三句被省去了。

2. *P28*（第一回）　**十月初三十兄弟会上，应伯爵讲笑话。**

原文：“‘儿子，你省可儿的砍，怕砍坏了虎皮。’说着，众人哈哈大笑。”

译文：“Son, mind where you stick that knife. For goodness’ sake, don’t spoil the tiger’s skin.”（*29*）

按：后边两句被略去，众人大笑的情景也没了。

3. *P72*（第二回）　**潘金莲的叉竿打到了西门庆。**

原文：“妇人便忙陪笑，把眼看那人，也有二十五六年纪，生得十分浮浪。”

译文：“She smiled her apologies, and stole a look at him.”（73）

按：“也有二十五六年纪，生得十分浮浪”漏译了。

4. *P144*（第六回） **仵作何九应约前去验尸。**

原文：“且说何九到巳牌时分慢慢的走来，到紫石街巷口，迎见西门庆……”

译文：“At the entrance to Amethyst Street, he met Hsi-mên Ch'ing.”（145）

按：这里把“巳牌时分”（9—11时）漏掉了。

5. *P158*（**第七回**）

原文：“原来西门庆家开生药铺，主管姓傅名铭，字自新，排行第二，因此呼他做傅二叔。”

按：译文里把这几句介绍漏掉了（159）。这种涉及非主要人物的简介，译者基本能省就省。第一回对十兄弟的介绍也被大大简化了。同回同页媒婆薛嫂在向西门庆介绍孟玉楼时说她“金镯银钏不消说，手把现银子也有上千两，好三梭布也有三二百筒。不料他男子汉去贩布，死在外边。他守寡了一年多，身边又没子女，止有一个小叔儿，才十岁”。翻译时把“不料他男子汉去贩布，死在外边”这两句也漏了。

6. *P166*（**第七回**） **西门庆第一次去见孟玉楼。**

原文：“薛嫂连忙掀开帘子，妇人出来。西门庆睁眼观那妇人，但见：……”

译文：“The old woman pulled up the lattice and Mistress Mêng came in.”（*167*）

按：译文把“西门庆睁眼观那妇人，但见”及下面的一段韵文全删了。可能是因为不想翻译这段韵文，故把“西门庆睁眼观那妇人”一并删了。但这个动作非常传神，对刻画西门庆的形象很有意义。

7. *P182*（第八回）　**西门庆六月初二娶了孟玉楼，女儿婆家陈家突然派媒婆文嫂送信，六月十二日要娶大姐。**

原文：“西门庆匆忙促急，攒造不出床来，就把孟玉楼陪来的一张南京描金彩漆拔步床陪了大姐。”

译文：“Hsi-mên Ch’ing, in a great state of excitement, took one of his new wife’s gilded Nan-king beds for his daughter.”（*183*）

按：译文里漏了“攒造不出床来”，所以下一句“took one of his new wife’s gilded Nan-king beds for his daughter”有点突然，显得没来由。另外，把“匆忙促急”译成“in a great state of excitement”（极度激动），也与原文不符。这些都没法解释为什么要把新婚妻子的床给女儿。

8. *P186*（第八回）　**西门庆迎娶孟玉楼、嫁女儿，忙了半个月，没去看潘金莲。潘一日碰见玳安，拉他问话，说毕又哭。玳安劝她。**

原文：“六姨，你休哭。俺爹怕不也只在这两日，他生日待来也。你写几个字儿，等我替你捎去，与俺爹看了，必然就来。”

译文：“‘Please don’t cry,’ Tai An said, ‘I’m sure he will come and see you very soon. Write him a short note and let me take it to him. He will certainly come when he gets it.’”（*187*）

按：原文中“他生日待来也”翻译时被漏掉了。这样就使后文“七月将尽，到了他生辰”（188），傅伙计对王婆说“大官人昨日寿诞，在家请客，吃了一日酒”（190），都没有了照应。应该在“come and see you very soon”后，加上“his birthday is coming”。

9. *P204*（**第九回**）　**西门庆迎娶潘金莲。**

原文：“西门庆旋用十六两银子，买了一张黑漆欢门描金床，大红罗圈金帐幔，宝象花拣妆，桌椅锦杌，摆设齐整。”

译文：“Hsi-mên paid sixteen taels of silver for a bed of black lacquer and gilt with a crimson silk net. The chairs and tables were beautifully carved, and everything was arranged with excellent taste.”（*205*）

按：译文中把“宝象花拣妆”漏掉了。大概译者不明白这是什么东西。宝象花也作宝相花，是一种传统的吉祥装饰纹样，与摇钱树、聚宝盆并称吉祥三宝。拣妆，亦作“鉴妆”、“减妆”、“减装”，指妇女的装饰盒。出自《梦粱录》卷十三《诸色杂货》。芮效卫译作“a dressing case ornamented with floral rosettes”（*The Plum in the Golden Vase*，Vol. I，P171），译对了。

10. *P220*（第九回） **武松告状无门，直接到西门庆家生药铺找他厮打。**

原文："正见他开铺子的傅伙计在柜身里面，见武二狠狠的走来，问道：'你大官人在宅上么？'"

译文："But only Fu the manager was there. 'Is your master at home?' Wu Sung said."（*221*）

按：翻译中漏了"见武二狠狠的走来"，情景弱了。

11. *P226*（第十回） **开篇写武松误打皂隶，被地方保甲拿去见知县。**

原文："且表西门庆跳下楼窗，扒伏在人家院里藏了，原来是行医的胡老人家。只见他家使的一个大胖丫头，走来毛厕里净手，蹶着大屁股，猛可见一个汉子扒伏在院墙下，往前走不迭，大叫：……"

译文："Meanwhile His-mên Ch'ing, who had jumped out of the wine-shop window, found himself in a courtyard which belonged to old Doctor Hu. One of the maids had just gone to the privy and had lifted her skirts. Suddenly she saw a man crouching at the foot of the wall. As she could not run away, she called…"（*227*）

按：原文中的"扒伏在人家院里藏了"翻译时漏掉了。另"往前走不迭"也不是"她没法跑"（she could not run away），而是"她拼命往前跑"的意思。接下来胡老人认出了西门庆，对他说了武松被抓的事，同时提到"这一去，定是死罪"，翻译时把这句话也漏了。

12. *P228*（第十回）　**武松被抓以后，知县打了他。内中县丞、佐二有心周旋他。**

原文："延挨了几日，只得朦胧取了供招，唤当该吏典，并仵作、里邻人等，押到狮子街，检验李外传身尸，填写尸单格目。"

译文："the magistrate waited a few days and then drew up a dossier without hearing any evidence. All he did was to appoint an officer to go to Lion Street to examine Li's body and fill in the necessary particulars."（*229*）

按：译文漏了"唤当该吏典，并仵作、里邻人等"几句话。芮效卫（*The Plum in the Golden Vase*，Vol. I，P190，Para. 4）和米艾尔（*Chin P'ing Mei*，Chapter 9，P126，Para. 3）都译了这几句。

13. *P254*（第十一回）　**激打孙雪娥以后，潘金莲偷听了孙雪娥对吴月娘的倾诉，进来与她理论。**

原文："论起春梅，又不是我的丫头，你气不愤，还教他伏侍大娘就是了，省得你和他合气，把我扯在里头。那个好意死了汉子嫁人？如今也不难的勾当，等他来家，与我一纸休书，我去就是了。"

译文："Plum Blossom is not my maid. If you have anything against her, Kindly tell the Great Lady, and let her return to her service. Then there will be no further trouble between you, and I shall be well out about that. When he comes back, let him give me papers of divorce, and I will go away."(269)

按：译文把"那个好意死了汉子嫁人"漏了，这句真正捅到了潘的短处，不该漏掉。

14. *P268*（第十二回）　**潘金莲给西门庆往李桂姐家送了个帖儿，上书《落梅风》。**

原文："下书'爱妾潘六儿拜'。"

译文：翻译时把这句漏掉了。(269)

按：原文接下来"祝实念在旁戏道：'桂姐，你休听他哄你哩！这个潘六儿，乃是那边院里新叙的一个表子，生的一表人才。你休放他去。'"这个落款既表现了潘金莲会笼络丈夫，又使后边的这些对话有了针对性，漏掉有些遗憾。

P268（第十二回）　**同页接下来把应伯爵话省去了，谢希大的对话也不完整。**

原文："少顷，拿了七钟细茶来，馨香可掬，每人面前一盏。**应伯爵道：'我有个曲儿，单道这茶好处，《朝天子》：这细茶的嫩芽，生长在春风下。不揪不采叶儿楂，但煮着颜色大。绝品清奇，难描难画。口儿里时常呷，醉了时想他，醒来时爱他。原来一篓儿千金价。'谢希大笑道：'大官人使钱费物，不图这"一搂儿"，却图些甚的！**如今每人有词的唱词，不会词，每人说个笑话儿，与桂姐下酒。……'"

译文："Soon afterwards seven cups of the most delicious tea were brought and handed round. 'Now we'll have a song from everyone who can sing,' Hsieh Hsi-ta said. 'He who can't sing must tell a funny story, and we'll persuade Cassia to take a little more wine with us. '" (*269*)

按：原文中加粗的文字都被略去了。

15. *P284*（第十二回） **潘金莲私仆被打以后，和西门庆再次和好。**

原文："单表西门庆至晚进入金莲房内来，那金莲把云鬟不整，……替他脱衣解带，伺候茶汤脚水，百般殷勤扶侍。到夜里枕席欢娱，屈身忍辱，无所不至，说道：'……我的俊冤家！待想起甚么来，中人的拖刀之计，你把心爱的人儿，这等下无情的折挫！……'"

译文："That evening Hsi-mên Ch'ing went to see Golden Lotus. …she took her clothes, served him with tea, … '… The others see that you show me favour and spend most of your time here; it makes them jealous, and they try to vent their spite on me. How could you be caught by such talk, and treat me so unkindly? … '" (*285*)

按：这段译文先把"替他脱衣解带"误译成了"脱了她的衣服"(she took her clothes)。再把潘金莲说的"我的俊冤家"、"把你心爱的人儿"两句给省掉了，这对刻画她的形象是有损失的。

16. *P382*（第十六回） **花子虚死后，李瓶儿第二次哭求西门庆赶快娶了她。**

原文："西门庆道：'你休烦恼。我这话对房下和潘五姐也

宅，那时你孝服将满，娶你过门

si-mên said. ‘I have told the Fifth
use is finished and your mourning is
u. ’ ”(383)

吴月娘，大概译者没有理解这个词，
去的家庭关系，西门庆要纳妾，是
事则可说可不说。只因李瓶儿对她有
“the Fifth Lady” 前加上 “my wife

蒋竹山借看病用言语挑逗李瓶儿。
夫去世，家事萧条，忧愁思虑而生

娘子夫主殁了。多少时了？’ ”
husband die?’ the doctor said.” (415)
戏话的“原来娘子夫主殁了”一句漏

西门庆听说李瓶儿招赘了蒋竹山，
妾女儿们在跳马索。见他回来，众人
鞋，被西门庆踢了两脚。她跑去向

‘这一家人，只是我好欺负的。一般

三个人在这里，只踢我一个儿，那个
就恼了，说道：‘你头里何不叫他连
受用？恁的贼不识高低货！我到不
喇的。’”

译文：（吴月娘的话被译作）“
kick me?’ she said. ‘You were trea
than anybody else. You don’t know

按：吴月娘的最后两句话被漏译
丢了。

19. *P432*（**第十八回**）　**吴月娘**
儿招赘了蒋竹山。孟玉楼接口说“服
的”，吴月娘随口骂道：“汉子孝服
儿？”一句话连带着骂了孟玉楼和潘

原文：“听了此言，未免各人怀着

译文：“The Moon Lady’s r
uncomfortable that they went to their
to hear what she would say next.”（43

按：“不在话下”，是古代白话小
束的提示语，没有实际意义。但译者
下来还说啥”（did not wait to hear w
说原文多次出现“不在话下”，似乎
回，写武大软弱朴实，人多欺负他）
二回）　“武大又安排了回席，不在话

县大喜，赏了武松三杯酒，十两路费。不在话下”，P116（第四回）“西门庆一面笑着，看街上无人，带上眼纱去了，不在话下”，等等。

20. *P434*（**第十八回**）　**吴月娘、孟玉楼和大姐、陈敬济一起摸牌**。

原文：“当下玉楼、大姐三人同抹，敬济在旁边观看。抹了一回，大姐输了下来。敬济上来又抹。**玉楼出了个天地分，敬济出了个恨点不到，吴月娘出了个四红沉，八不就、双三不搭两幺儿，和儿不出，左来右去，配不着色头。** 只见潘金莲掀帘子走进来……”

译文：“Then the three ladies began to play while Ching-chi stood and looked on. When Orchid was beaten, her husband took her place. Golden Lotus came in.”（*435*）

P434（**第十八回**）

原文：“这金莲近前，一手扶着床护炕儿，一只手拈着白纱团扇儿，在旁替月娘指点道：‘**大姐姐，这牌不是这等出了。把双三搭过来，却不是天不同和牌？还赢了陈姐夫和三姐姐。**’ 众人正抹牌在热闹处，只见玳安抱进毡包来说：‘爹来家了。’”

译文：“Golden Lotus, with one hand resting on the bed and the other fluttering her fan, advised the Moon Lady how to set out her pieces, and they were all playing with great excitement when Tai An came and told them that Hsi-mên Ch’ing had returned.”（*435*）

按：以上两段原文中加粗的文字，涉及打牌的术语，译者都回避了。

21. *P438*（第十八回） **潘金莲对西门庆诉了吴月娘的不好，西门庆改变了态度。小说有一段评论。**

原文：“**看官听说：自古谗言罔行，君臣、父子、夫妇、昆弟之间，皆不能免。饶吴月娘恁般贤淑，西门庆听金莲衽席睥睨之间言，卒致于反目，其他可不慎哉！** 自是以后，西门庆与月娘尚气，彼此觌面都不说话。”

译文：“Thenceforth the Moon Lady and Hsi-mên Ch’ing would have no dealings with each other. When they met, they would not speak.”（*439*）

按：原文中这段加粗文字的评论翻译时省略了。

22. *P446*（第十九回） **潘金莲、陈敬济私会时被孟玉楼惊散。原文有一段评论。**

原文：“原来两个蝴蝶到没曾捉得住，到订了燕约莺期，则做了蜂须花嘴。正是：狂蜂浪蝶有时见，飞入梨花没处寻。”

按：译文把这些句子漏了（447）。

23. *P522*（第二十一回） **孟玉楼生日那天，应伯爵、谢希大受妓院李家之托，请西门庆过去摆酒谢罪。众妻妾在家等他回来上寿，久等不来，只好听王姑子说笑话消遣。**

原文：“那王姑子坐在炕上，就说了一个。金莲道：‘这个不好，再说一个。’王姑子又道：‘一家三个媳妇儿，与公公上寿。先是大媳妇递酒，说：“公公好相一员官。”公公云：“我如何相官？”媳妇云：“坐在上面，家中大小都怕你，如何不相官。”次该二媳妇上来递酒，说：“公公相虎威皂隶。”公公曰：“我如何相虎威皂隶?”媳妇云：“你喝一声，家中大小都吃一惊，怎不相皂隶?”公公道：“你说的我好。”该第三媳妇递酒上来，说：“公公也不相官，也不相皂隶。”公公道：“却像甚么?”媳妇道：“公公相个外郎。”公公道：“我如何相外郎?”媳妇云：“不相外郎，如何六房里都串到?”’把众人都笑了。金莲道：‘好秃子，把俺们都说在里头！那个外郎敢恁大胆?’说罢，金莲、玉楼、李瓶儿同来到前边大门首，瞧西门庆。”

译文：“The nun told them another story. Then Golden Lotus, with Tower of Jade and the Lady of the Vase, went to the gate to look for Hsi-mên Ch’ing.”（*523*）

按：不知何故，译者把这个有些讽刺意味的故事省略了，只用“又讲了个故事”（told them another story）一语带过了。

24. *P550*（**第二十三回**）　**宋蕙莲搭上西门庆后，做张做智，非常惹眼。**

原文：“众人吃了茶。这蕙莲在席上斜靠桌儿站立，看着月娘众人掷骰儿，故作扬声说道：‘娘把长幺搭在纯六，却不是天地分？还赢了五娘。’又道：‘你这六娘，骰子是锦屏风对儿。我看三娘这幺三配纯五，只是十四点儿，输了。’被玉楼恼了，说道：‘你这媳妇子，俺们在这里掷骰儿，插嘴插舌，有你甚么说处！’”

译文：“The ladies drank the tea and began to play. Wistaria leaned over the table and made comments on the game until Towe of Jade grew angry. 'Why must you put in your word when we are playing?' she said. 'It is not your place to speak here. '" *(551)*

按：译文把宋蕙莲对牌局的评论省略了，大概译者觉得不好翻译。只用"made comments on the game"（对牌局指指点点）简单带过了。

25. *P562*（**第二十四回**）　**正月十六，合家欢乐。别人都在忙碌，只有宋蕙莲坐着嗑瓜子，扔了一地的皮。**

原文："画童儿道：'这地上干干净净的，嫂子嗑下恁一地瓜子皮，爹看见又骂了。'蕙莲道：'贼囚根子！"六月债儿——热还得快"。就是什么打紧？便当你不扫，丢着，另教个小厮扫。等他问我，只说得一声。'画童儿道：'耶唏，嫂子！**将就些罢了，如何和我合气？' 于是取了笤帚来，替他扫瓜子皮儿，不题。**"

译文："said the boy, 'it is very nice and tidy here, yet you are throwing down melon-seeds. If Father sees it he will be angry again. ' 'Don't you bother about me, you young rascal,' Wistaria said. 'If you won't sweep them away, I'll tell one of the other boys, and if Father sees them, I'll take all the responsibility. ' 'Oh, don't make a fuss about it,' the boy said. 'I'll sweep them away for you. '" *(563)*

按：原文加粗的文字翻译时漏掉了。而"I'll sweep them away for you"（我替你扫吧）这话原文并没有，是译者加上去的。

26. *P566*（第二十四回）　**正月十六喝完酒后，吴月娘原准备领大家到街上走走。**

原文："见玉楼和蕙莲出来，向金莲说道：'大娘因身上不方便，大姐不自在，故不去了。教娘们走走，早些来家。李娇儿害腿疼，也不走。孙雪娥见大姐姐不走，恐怕他爹来家嗔他，也不出门。'"

译文："They were talking when Tower of Jade and Wistaria came back. 'The Great Lady,' Tower of Jade said, 'says she will not go out because she is not very well, but we may go if we promise to come back in good time. Picture of Grace has a bad leg and she doesn't feel like walking.'"（*567*）

按：译文把孙雪娥这几句漏了。

27. *P586*（第二十五回）　**来旺从杭州采买回来，孙雪娥私下告诉了他宋蕙莲和西门庆的事。他责问宋蕙莲家里的蓝缎子是谁送的。**

原文："妇人道：'呸！怪囚根子，那个没个娘老子？就是石头罅剌儿里迸出来，也有个窝巢儿，为人就没个亲戚六眷？此是我姨娘家借来的钗梳，是谁与我的？'"

译文："'Pooh,' said his wife, 'you talk as if people had no relations of their own. Why, even if I had come out of a piece of stone, I should have come from somewhere. I borrowed these ornaments from one of my aunts. Where else do you think I got them?'"（*587*）

按：译者把“为人就没个亲戚六眷”漏了，使得前面几句的铺垫没了着落。应该补上：“How can I have no relatives?”

28. *P642*（第二十七回）

原文：“玉楼道：‘我在后边替大姐姐穿珠花来，到明日与吴舜臣媳妇儿郑三姐下茶去戴。月琴春梅拿了来。’”

译文：“I have been making a pearl flower for the Great Lady to wear at a party. Plum Blossom is bringing the guitar.”（*643*）

按：译文把“明日与吴舜臣媳妇儿郑三姐下茶”省略成了“a party”。估计译者不明白“下茶”是什么意思。

P646（第二十七回）　**众人齐唱《梁州序》。**

原文：“向晚来雨过南轩，见池面红妆零乱。渐轻雷隐隐，雨收云散。便闻荷香十里，新月一钩，此景佳无限。兰汤初浴罢，晚妆残。深院黄昏懒去眠。（合）金缕唱，碧筒劝，向冰山雪槛排佳宴。清世界，几人见?”

按：译文把“（合）金缕唱，碧筒劝，向冰山雪槛排佳宴。清世界，几人见?”这几句漏了（647）。

29. *P712*（第三十回）　**来保为盐客王四之事上东京给蔡太师送礼。**

原文：“良久，请将翟管家出来，穿着凉鞋净袜，青丝绢道袍。来保见了，忙磕下头去。翟管家答礼相还，说道：‘前者累你。你来与老爷进生辰担礼来了?’来保先递上一封揭帖……”

译文：“Some time later Chai came. He was wearing light

shoes, white socks, and a devotional robe of black silk. Lai Pao knelt down before him. The Comptroller greeted him, and Lai Pao handed over the list of the presents he had brought…"（713）

按：翟管家的话被省了。

30. *P788*（第三十三回）　**潘金莲和母亲到李瓶儿房里，李瓶儿招待喝酒聊天。听见秋菊说陈敬济在外面寻衣服，找春梅开门，潘金莲就让把陈敬济叫来喝一盅。陈敬济欲待不来。**

原文：（潘金莲）"又使出绣春去把敬济请来。**潘姥姥在炕上坐，小桌儿摆着果盒儿，金莲、李瓶儿陪着吃酒。**连忙唱了喏。"

译文："She sent one of the maids for him. At last he did come and made a reverence to them."（789）

按：译文里把加粗的中文漏掉了，使得情景不够逼真了。

31. *P792*（第三十三回）　**陈敬济回到李瓶儿房里，发现潘金莲身底下露着他的钥匙，想要回去。但潘金莲逼着他唱个曲儿才肯给。**

原文："敬济道：'这五娘，就勒掯出人痞来。谁对你老人家说我会唱？'金莲道：'你还捣鬼？"南京沈万三，北京枯树弯——人的名儿，树的影儿"。'"

译文：原文这几句都被漏掉了。（793）

按：这几句其实是潘金莲挑逗陈敬济最生动的文字。但由于不太好翻译，所以被省去了。

32. *P814* **（第三十四回）　王六儿和小叔子私通，被人抓住，要送李知县。韩道国向西门庆求助，放了王六儿，并查找那群捣乱的人。**

原文："且说那伙人，见青衣节级下地方，把妇人王氏放回家去，又拘总甲，查了各人名字，明早解提刑院问理，都各人面面相觑。就知韩道国是西门庆家伙计，寻的本家扬子，只落下韩二一人在铺里。都说这事弄的不好了。**这韩道国又送了节级五钱银子，登时问保甲查写那几个名字，都送到西门庆宅内，单等次日早解。**"

译文："Meanwhile the black-robed policeman did as he had been told. Han's wife was set free and allowed to go home. The officer in charge of the records was sent for; the young men's names were taken down and they were ordered to appear before the court the following morning. Then they began to look at one another. They knew that Han Tao-kuo was employed by Hsi-mên Ch'ing, and realised that he had secured Hsi-mên's help. They saw that Han II alone was detained, and began to think that the matter would end badly for them."（*815*）

按：原文中加粗的部分漏译了。

33. *P834* **（第三十四回）**

原文："看官听说：潘金莲这几句话，分明讥讽李瓶儿，说他先和书童儿吃酒，然后又陪西门庆，岂不是双席儿？那西门庆怎晓得就理。"

按：这几句话翻译时漏掉了（835）。

34. *P848*（第三十五回）　**白赉光到西门庆家来打秋风，赖着不走。**

原文："又坐了一回，西门庆见他不去，只得唤琴童儿厢房内放桌儿，**拿了四碟小菜，牵荤连素，一碟煎面觔，一碟烧肉。** 西门庆陪他吃了饭。筛酒上来，**西门庆又讨副银镶大钟来，** 斟与他吃了几钟，白赉光才起身。"

译文："yet he remained sitting there, Hsi-mên Ch'ing, seeing that he made no move, bade Ch'in T'ung set a table in the side-room. He had something to eat with Pai Lai-kuang, ordered wine to be warmed, and poured out several cups for him. At last, Pai Lai-kuang asked permission to leave."（*849*）

按：译者可能觉得原文太啰嗦，把加粗的文字都漏掉了，客观上将冷淡的意思加强了。

35. *P964*（第三十九回）　**正月初八，西门庆上玉皇庙打醮还愿，潘金莲生日没有上寿。初九等到晚上，陈敬济回来说当晚也不能太早回来。**

原文："金莲听了，一声儿没言语，使性子回到上房里，对月娘说：'"贾瞎子传操——干起了个五更"，"隔墙掠肝肠——死心塌地"，"兜肚断了带子——没得绊了"！刚才在门首站了一回，只见陈姐夫骑头口来了，说爹不来了，醮事还没了，先打发他来家。'"

译文："When Golden Lotus heard this she said nothing, but

went to the Moon Lady's room in a bad temper. 'I have just come from the gate,' she said. 'There I saw Brother-in-law Ch'ên come back on horseback. He says that Father will not be here yet because the service is not finished. He himself came back before the others.'"(*965*)

按：原文中的三句歇后语被省略了。

36. *P1004*（第四十一回） **李瓶儿因潘金莲打丫头、指桑骂槐，正在暗自垂泪。西门庆回来说乔亲家给她送了生日礼。**

原文："西门庆告说：'乔亲家那里，送你的生日礼来了。一匹尺头、两坛南酒、一盘寿桃、一盘寿面、四样下饭。**又是哥儿送节的两盘元宵、四盘蜜食、四盘细果、两挂珠子吊灯、两座羊皮屏风灯、两匹大红官段、一顶青段攥的金八吉祥帽儿、两双男鞋、六双女鞋。**咱家倒还没往他那里去，他又早与咱孩儿送节来了。如今上房的请你计较去。……'"

译文："Hsi-mên told her that the Ch'iaos had sent some birthday presents for her, a roll of silk, two jars of southern wine, a plate of longevity peaches, another plate of noodles, and other dishes. 'They have sent something for the baby too,' he said, and told her all the different things that had come. 'We have done nothing for them,' he added, 'and now they have sent all these things for your feast day. That is why the one in the upper room wishes to talk to you. …'"(*1005*)

按：原文中加粗的几句话被用一句英文带过了。

37. *P1012*（第四十二回） **正月十五西门庆在狮子街楼上看灯吃酒，中途叫了谢希大上来。**

原文：“西门庆问道：‘你吃了饭不曾？’谢希大道：‘早辰从哥那里出来，和他两个搭了这一日，谁吃饭来！’西门庆分付玳安：‘厨下安排饭来，与你谢爹吃。’不一时，**就是春盘小菜、两碗稀烂下饭、一碗𤆵肉粉汤、两碗白米饭，** 希大独自一个，吃的里外干净，剩下些汁汤儿，还泡了碗吃了。”

译文：“‘Have you had anything to eat?’ Hsi-mên Ch’ing asked Hsieh Hsi-ta. ‘When I left your place this morning,’ Hsieh Hsi-ta said, ‘I met those two, and I have had nothing to eat all day.’ Hsi-mên told Tai An to go to the kitchen and ask for some food to be prepared. Before long it was brought. It was a very substantial meal, but Hsieh Hsi-ta soon disposed of it, cleaning up both inside and outside of all the dishes. The little soup which he had left, he put into his rice bowl, and so finished off everything.” *(1013)*

按：译文把原文中加粗的饭菜内容和数量省略了，只简化为“非常丰盛的饭菜”（a very substantial meal），使讽刺的感觉淡化了，不如原文对谢希大的穷饿、贪婪表现得生动。

38. *P1126*（第四十七回） **苗青杀主案发，躲在乐三家，托乐三娘子找王六儿给西门庆说情，第二天带了一千两银子到西门庆府上送礼。**

原文：“西门庆分付：‘既是说了，你即回家。’**那苗青出门，**

走到乐三家收拾行李，还剩一百五十两银子。苗青拿出五十两来，并余下几匹段子，都谢了乐三夫妇。”

译文：“‘Then you should go home at once,’ Hsi-mên said. Miao Ch'ing gave fifty taels and the remainder of the silk to Yüeh and his wife.”（*1127*）

按：原文中加粗的几句漏译了，使得英文叙述比较突兀。

39. *P1130*（**第四十七回**）　**苗员外的家人安童不服西门庆提刑衙门的判决。**

原文：“安童保领在外听候，有日走到东京，**投到开封府黄通判衙内，**具诉：‘苗青夺了主人家事，使钱提刑衙门，除了他名字出来。**主人冤仇，何时得报？**’通判听了，连夜修书，并他诉状封在一处，与他盘费，就着他往巡按山东察院里投下。”

译文：“An T'ung was allowed to go. Afterwards, the boy went to the Eastern Capital. There he accused Miao Ch'ing of his master's murder, and of bribing the officers at Ch'ing Ho, and so escaping trial. A letter was written and joined to the lad's accusation; he was given money for his journey and sent to the supreme court of Shan-tung.”（*1131*）

按：译文把原文加粗的都漏译了，特别是对“黄通判”只字不提，对下一回的叙述产生了影响。

P1132（**第四十八回**）

原文：“话说安童领着书信，辞了黄通判，径往山东大道而来。”

译文："An T'ung took the documents and the letter and set off for Shan-tung."（*1133*）

按："黄通判"还是漏译了。

P1132（第四十八回） **安童到山东东昌找到巡按御史，把黄通判的书信递了上去。**

原文："书曰：寓都下年教生黄端肃书奉。大柱史少亭曾年兄先生大人门下：……"

译文："It said: Huang Tuan, your humble fellow student of the arts, living at the Capital, with all due respect. ..."（*1133*）

按：由于前面几次把"黄通判"漏译，这封信开头的"寓都下年教生黄端肃书奉"就很突兀。另外，译者不理解"端肃"是恭敬的意思，把"黄端"误当成了人名。

40. *P1202*（第五十回） **西门庆带着玳安、琴童去会王六儿，玳安、琴童又偷闲跑到蝴蝶巷鲁长腿的妓院里找金儿、赛儿。**

原文："一面放了四碟干菜，其馀几碟都是鸭蛋、虾米、熟鲜、咸鱼、猪头肉、干板肠儿之类。**玳安便搂着赛儿，琴童便拥着金儿。** 玳安看见赛儿带着银红纱香袋儿，就拿袖中汗巾儿，两个换了。"

译文："They brought four dishes of dried fruits, ducks' eggs, dried prawns and salt fish, besides pig's head and sausages. Tai An looked closely at the girls. Pomegranate had a tiny pink silk satchel for perfume and he gave her his handkerchief in exchange for it."

(*1203*)

按：原文中加粗的两句漏译了，现场感差了。

41. *P1550*（第六十二回）　**李瓶儿死后，西门庆痛不欲生，应伯爵开导他。**

原文："伯爵道：'哥，你还不吃饭，这个就糊突了，常言道：宁可折本，休要饥损。**《孝经》上不说的"教民无以死伤生，毁不灭性"**，死的自死了，存者还要过日子。哥要做个张主。'"

译文："'It was foolish of you,' Po-chüeh said. 'The proverb says:"It is better to lose money than to be starved." The dead are dead; the living must go on living. You must think of yourself.'"

(*1551*)

按：英文漏了"《孝经》上不说的'教民无以死伤生，毁不灭性'"。

42. *P1720*（第六十八回）　**西门庆听了郑爱月儿的主意，有意认识王三官的母亲林太太，想勾搭王三官娘子，让玳安去找媒婆文嫂。**

原文："玳安道：'好近路儿，等我骑了马去。'一面牵出大白马来骑上，打了一鞭，那马跑踍跳跃，一直去了。**出了东大街，径往南，过同仁桥牌坊，由王家巷进去**，果然中间有个巡捕厅儿，对门亦是座破石桥儿，里首半截红墙是大悲庵儿……"

译文："'A fine walk!' Tai An said. 'I must have a horse.'

He went and got the big white horse, mounted it, whipped it up, and went off at a gallop. He followed all his instructions until he came to the guard-house near the ruined stone bridge, and saw the red walls of the nunnery."(*1721*)

按：原文加粗的部分被省略了，一语带过。

43. *P1762*（第七十回）　**西门庆和夏提刑一起观看差人从怀庆府林千户处拿回来的邸报。**

原文：**"兵部一本：尊明旨，严考核，以昭劝惩，以光圣治事。先该金吾卫提督官校太尉太保兼太子太保朱题前事，考察禁卫官员，除堂上官自陈外，其余两厢诏狱缉捕、内外提刑所指挥千百户、镇抚等官，各挨次格，从公举劾，甄别贤否，具题上请等因。奉圣旨，兵部知道，钦此钦遵。抄出到部，看得太尉朱题前事，遵奉旧例，委的本官殚力致忠，公于考核，皆出闻见之实，而无偏执之私。足以励人心而孚公议，无容臣等再喙。但恩威赏罚，出自朝廷，合候命下之日，一体照例施行等因，续奉钦依拟行。内开：**山东提刑所正千户夏延龄，资望既久，才练老成，昔视典牧而坊隅安静，今理齐刑而绰有政声，宜加奖励，以冀甄升，可备卤簿之选者也。贴刑副千户西门庆，才干有为，精察素著，家称殷实而在任不贪，国事克勤而台工有绩，翌神运而分毫不索，司法令而齐民果仰，宜加转正，以掌刑名者也。**怀庆提刑千户所正千户林承勋，年清优学，占籍武科，继祖职抱负不凡，提刑狱详明有法，可加奖励简任者也。副千户谢恩，年齿既残，昔在行伍，犹有可观；今任理刑，罢软尤甚，宜罢黜革任**

者也。”

译文：“Hsia Yen ling, Captain and Magistrate in the Province of Shan tung. An officer of excellent reputation and considerable experience. In a former appointment he kept his district in admirable order, and, in the position he now holds, has done even better. He deserves promotion as a thoroughly capable official and one worthy of high rank in the service. Hsi-mên Ch'ing, Vice Captain and Deputy Magistrate, is also an efficient officer. He is renowned for the subtlety of his judgments, and, being a wealthy man, he does not accept bribes. He is attentive to his duties and carries them out satisfactorily. He has never received a penny which is not justly his due. He maintains the dignity of the law and the people respect him. His promotion to the full rank of Captain is suggested, and he should be confirmed in his appointment as Magistrate.”(*1763*)

按：原文加粗的部分被省了。

P1764（**第七十回**）

原文：**“工部一本：神运届京，天人胥庆，悬乞天恩，俯加渥典，以苏民困，以广圣泽事。奉圣旨：这神运奉迎大内，**奠安艮岳，以承天眷，朕心嘉悦。**你每既效有勤劳，副朕事道至意。**所经过地方，委的小民困苦，着行抚按衙门，查勘明白，着行蠲免今岁田租之半。所毁坝闸，着部里差官会同巡按御史，即行修理，**完日还差内侍孟昌龄前去致祭。蔡京、李邦彦、王炜、郑居中、高俅，辅弼朕躬，直赞内廷，勋劳茂著。京加太师，邦彦加柱国**

太子太师，王炜太傅，郑居中、高俅太保，各赏银五十两、四表礼。蔡京还荫一子为殿中监。国师林灵素，佐国宣化，远致神运，北伐谋略，实与天通，加封忠孝伯，食禄一千石，赐坐龙衣一袭，肩舆入内，赐号玉真教主，加渊澄神妙广德真人、金门羽客、达灵神妙先生。朱勔、黄经臣，督理神运，忠勤可嘉。勔加太傅兼太子太傅，经臣加殿前都太尉。提督御前人船，各荫一子为金吾卫正千户。内侍李彦、孟昌龄、贾祥、何沂、蓝从熙着直延福五位官近侍，各赐蟒衣玉带，仍荫弟侄一人为副千户，俱见任管事。礼部尚书张邦昌、左侍郎兼学士蔡攸、右侍郎白时中、兵部尚书余深、工部尚书林摅，俱加太子太保，各赏银四十两，彩段二表礼。巡抚两浙佥都御史张阁，升工部右侍郎。巡抚山东都御史侯蒙，升太常正卿。巡抚两浙、山东监察御史尹大谅、宋乔年、都水司郎中安忱、伍训，各升俸一级，赏银二十两。祗迎神运千户魏承勋、徐相、杨廷珮、司凤仪、赵友兰、扶天泽、西门庆、田九皋等，各升一级。内侍宋推等，营将王佑等，俱各赏银十两。所官薛显忠等，各赏银五两。校尉昌玉等，绢二匹。该衙门知道。”

译文：“The other document was from the Office of Works. It related his Majesty's satisfaction with the work that had been done in the transport of materials for the *Kên Yo* mountain, ordered that half the taxes should be remitted in districts which had suffered from the work of transport, and that the dykes and weirs which had been destroyed should be replaced by officers of the Office of Works and the Provincial Authorities. Among the rewards granted in this document was a step in rank to Hsi-mên Ch'ing. "（1765）

按：原文加粗的部分都未译。

44. P1776（第七十回）　**西门庆和夏提刑升官后上京朝见谢恩，住在夏提刑的亲戚崔中书家。一日谢恩毕，新任理刑千户何永寿来访。**

原文："何千户忙还礼说：'学生叨受微职，忝与长官同例，早晚得领教益，**实为三生有幸。适间进拜不遇，又承垂顾，蓬荜光生。'令左右收下去。一面扯椅儿分宾主坐下，左右捧茶上来。吃茶之间，彼此问号，西门庆道：'学生贱号四泉。'何千户道：'学生贱号天泉。'**又问：'长官今日拜毕部堂了？'"

译文："Captain Ho made a reverence. 'I have been made an officer of the lowest grade,' he said, 'and count myself supremely fortunate to have been appointed to your office. I hope to benefit by your instruction.' They continued to exchange compliments. 'My lord,' Captain Ho said, 'have you called upon the Grand Marshal?'"（1777）

按：原文中加粗的文字，被用"他们继续寒暄"（They continued to exchange compliments）一句话带过了。

45. P1866（第七十三回）　**西门庆因在孟玉楼生日宴上想起李瓶儿，心中不快，潘金莲表示不忿。事后大家劝她，她不服。**

原文："一般都是你的老婆，做甚么抬一个，灭一个？只嗔俺们不替他戴孝，他又不是婆婆，胡乱带过断七罢了，只顾带几时？”

译文：“We are all his ladies. He ought not to exalt one and treat the rest of us like dirt. He was angry because we didn't wear mourning for her long enough. We did so for fifty days. Why shouldn't that have been enough?”（*1867*）

按：“他又不是婆婆”这句在翻译时漏了，这句很关键，很能说明西门庆对李瓶儿的重视和潘金莲的不平。应补上：“She is not our mother-in-law.”

46. *P1930*（**第七十五回**） **吴月娘让玉箫去叫潘姥姥和潘金莲来吃点心，但玉箫回来说潘姥姥已经走了。吴月娘便议论了两句，说“我猜姐姐又不知心里安排着要起甚么水头儿哩”**。

原文：“当下月娘自知屋里说话，不防金莲暗走到明间帘下，听觑多时了。猛可开言说道：‘可是大娘说的，我打发了他家去，我好把拦汉子。’月娘道：‘是我说的，你如今怎么我？本等一个汉子，从东京来了，成日只把拦在你那前头，通不来后边傍个影儿。原来只你是他的老婆，别人不是他的老婆？行动题起来“别人不知道，我知道”。……’”

译文：“The Moon Lady did not know it, but Golden Lotus was already in the room on the other side of the lattice. She came in suddenly. ‘Great Sister,’ she said, ‘I have sent my mother home. Did you say that I monopolise our husband? I wish to know.’‘Yes, I did say so,’ the Moon Lady said. ‘What about it?

Ever since he came back from the Eastern Capital, he has spent all his time in your room. He never comes near the inner court. Do you flatter yourself that you are his only wife, and the rest of us nothing? Whether the others realise what you are about, I don't know, but I do. …'"（*1931*）

按：(1) 这段译文前三句有漏译。"自知屋里说话"表明她没有警惕心——比较实在。潘金莲"暗走"、"听觑多时了"，表明她工于心计，为人奸诈。译文把这些很关键的词句都漏掉了。应该改为："The Moon Lady thought she was talking in her own room, without noticing that Golden Lotus had came secretly to the opening room and stood under the lattice, where she had listened for quite a while." (2) "行动题起来'别人不知道，我知道'"，是模拟潘金莲的口吻，表现出她以中心自居的得意。英文译成"别人是否认识了你是个什么人，我不清楚，但我认识了"(Whether the others realise what you are about, I don't know, but I do)，这就完全误解了文意。应改为："Always say 'the others don't know, but I know.'"

47. *P1936*（第七十五回）　吴月娘和潘金莲吵架，骂潘金莲。

原文："想着有那一个在，成日和那一个合气，对着俺每，千也说那一个的不是，他就是清净姑姑儿了。**单管两头和番，曲心矫肚**，人面兽心。行说的话儿，就不承认了，赌的那誓诡人子。我洗着眼儿看着他，到明日还不知怎么样儿死哩。"

e she was
oming and
Vase had
ays causing
She never
they would
atch her. I

姑儿了”译
e”（她就是
girl.”

同吴月娘、
与后丈母娘

烂糟糟的，
子弄了。’西
奴才，一时
小不敬。母
正气的，谁
唱的，接了

ne maid who
her duty as a

maid to be
have cause
Moon Lady
when these
dog cannot
behaved wi
'You are r
'Even we s
in the famil

按：这
同的人发表
显得真实，
月娘直接与
些僵硬。

49. P21

原文："
念经。"

译文：
mind, and a
the fourth w

按："月
门庆的丧祭
娘出月子是

“The Moon Lady finished her confinement.”

50. *P2184*（第八十三回） **潘金莲因见陈敬济有孟玉楼的簪子，怀疑二人有染，一夜未理他。陈敬济天明怕人看见，越墙走了。潘金莲怕他真生气，第二天问他“莫不真个和我罢了”，陈敬济解释没有这事。潘金莲因约他当晚再来。**

原文：“妇人道：‘你不去，和你算帐。’”

译文：“‘Come and see me again,’ Golden Lotus said, ‘and we will clear up this business.’”（*2185*）

按：潘金莲这句话明显是威胁的口吻。她前面已经约过了陈敬济（金莲道：“既无此事，你今晚再来，我慢慢问你。”），说这句话只是为了强调一下。“你不去”，是假设语，并不表示“今晚再来看我”（Come and see me again）。所以这句话应改为：“‘If you don’t come,’ Golden Lotus said, ‘I will clear up this business with you.’”

51. *P2286*（第八十八回） **陈敬济上京取了钱，急着要娶潘金莲。**

原文：“这敬济就打了一百两银子在腰里，另外又袖着十两谢王婆，来到紫石街王婆门首。”

译文：“Ching-chi took a hundred taels for old woman Wang, and went to Amethyst Street.”（*2287*）

按：王婆一口咬定说吴月娘要她把潘金莲以一百两银子卖了，所以陈敬济另外还给王婆准备了十两谢仪。但译者把这一句漏掉了。

52. *P2546*（第九十九回）　**陈敬济和庞春梅私下商议要结果了张胜，被张胜听见，持刀入内。恰好春梅被奶子叫去看孩子，只剩下陈敬济赤身躺在被窝里。**

原文："见他进来叫道：'阿呀！你来做甚么？'张胜怒道：'我来杀你！你如何对淫妇说，倒要害我？我寻得你来不是了？反恩将仇报！常言"黑头虫儿不可救，救之就要吃人肉"。休走，吃我一刀子！明年今日是你死忌！'"

译文："'What do you want?' Ching-chi said. 'Uncle, I have come to kill you. I was not seeking trouble, but you dared to tell that strumpet that I must die. The proverb says: Black-headed vermin should not be spared; they eat human flesh. Don't try to escape. My knife is waiting for you. A year from today will be your year's mind.'"（*2547*）

按：（1）"Uncle"是译者添加的，现在是要杀的仇人了，还叫得这么甜，完全不合情理。（2）两人矛盾的根由，陈敬济给春梅的解释是："叵耐张胜那厮，好生欺压于我，说我当初亏他寻得来，几次在下人前败坏我。"（2546）所以，张胜才说"我寻得你来不是了？反恩将仇报！"这个关键的原因，不知为什么被译者漏掉了。

53. *P2548*（第九十九回）　**周忠回家。**

原文："那消数日，只见军情事务紧急，兵牌来催促。周统制

调完各路兵马，张巡抚又早先往东昌府那里等候取齐。统制到家，春梅把杀死敬济一节说了。”

译文：“When General Chou returned, Plum Blossom told him of the murder of Ching-chi.”（*2549*）

按：加粗的文字翻译时被漏掉了。

七　添加内容

1. *P54*（**第二回**）　**潘金莲对武松说。**

原文："自家骨肉，又不服事了别人。"

译文："We are the same flesh and blood, and this house is home to us all. I am not waiting upon a stranger."（*55*）

按："and this house is home to us all"这句是原文所没有的，系译者添加的。或许"自家"两个字给了他这种联想。

2. *P56*（**第二回**）　**武松取出一匹彩缎给潘金莲。**

原文："那妇人堆下笑来，便道：'叔叔如何使得？既然赐与奴家，不敢推辞，只得接了。'"

译文："'Oh, Uncle,' she cried delightedly, 'I can't possibly accept such a magnificent present,' but she hastened to add: 'Since you have already bought it, I suppose I must not refuse.'"（*57*）

按："她开心地叫道"（she cried delightedly），显然是译者的想象。如果直译的话，可能应该说："Smiles piled on her faces and she said."原文里的程度其实要弱一点，潘金莲的心思比较缜密，她得到东西虽然高兴，但并没有真正达到她的目的，所以还不至于"叫喊"。

3. *P70*（第二回）　**武大因依从了武松的话，每天卖炊饼晚出早归。**

原文："那妇人气生气死，和他合了几场气。落后闹惯了，自此夫人约莫武大归来时分，先自去收帘子，关上大门。"

译文："This so infuriated his wife that she almost had a fit; she quarreled with him so incessantly that trouble seemed to have become a habit. About the time for his return, she would pull down the shuttle and bolt the door, thinking that so she would annoy him, but instead of making him angry."（*71*）

按：英文最后一句的意思是："觉着这样会让他烦，但又不至于把他惹恼。"原文并没有这样的意思。再说潘金莲根本不怕武大生气。

4. *P142*（第五回）　**潘金莲杀死武大后，对西门庆说。**

原文："我的武大今日已死，我只靠着你做主，不到后来'网巾圈儿打靠后'。"

译文："Wu Ta is dead, and you are all I have in the world. All I have done, I have done for you. You must not, some day, cast me aside like a woman's hair-net that is no more needed."（*143*）

按："All I have done, I have done for you"（我所作所为，都是为了你）这层意思原文并没有，是译者根据自己的理解和想象补充的。

5. *P158*（第七回）　**媒婆薛嫂向西门庆介绍孟玉楼。**

原文："薛嫂道：'这位娘子，说起来你老人家也知道，就是南门外贩布杨家的正头娘子。……'"

译文："You probably know her. Her family name is Mêng, and she is the widow of a cloth-merchant, named Yang, who used to keep a shop outside the South Gate."（*159*）

按：这里凭空多出了"Her family name is Meng"（她娘家姓孟）这么一句。而对孟玉楼姓氏的说明是在薛嫂接下来的话中："不瞒大官人说，她娘家姓孟，排行三姐，就住在臭水巷。又会弹一手好月琴。"(160)译作："There is nothing to hide. The lady's name is Mêng, and she is the third of her family. She lives in Stinking Water Lane. I forgot to mention that she can play the guitar too."(161) 这样，就使薛嫂在同一段话中，把"她娘家姓孟"这句话重复了两次。英文中的"I forgot to mention"（我忘了提了），则是译者揣度薛嫂的口吻增添上去的，原文并无这话。

6. *P182*（第八回）　**西门庆娶了孟玉楼，又忙着出嫁女儿，一个多月未去见潘金莲。潘反复使人来探信。派女儿迎儿来，小孩儿不敢进门去探问，只在门口等待，没见到西门庆，就回来了。**

原文："来家被妇人哕骂在脸上，怪他没用，便要叫他跪着。"

译文："When she got home，Golden Lotus spat in her face，cursed and beat her，because，she said，she was no use."（*183*）

按：原文里并没有个"打"字，英文里凭空来了个"cursed and beat her"（骂和打）。译者利用了自己的想象，可能觉得只骂一骂，不足以体现潘金莲的愤怒。但却把"便要叫他跪着"漏掉了。

7. *P468*（**第十九回**）　**李瓶儿自己找到西门庆家里，向西门庆认了错，西门庆讲了他是如何赶走蒋竹山的。**

原文："只略施小计，教那厮疾走无门。"

译文："It was no trouble to me，but it was quite enough to set that fellow spinning round and round looking for a hole to crawl into."（*469*）

按：英文的意思是："对我来说毫不费力，就足以让那厮像个陀螺似的乱转，想找个洞钻进去。"两相对照，显然添加了佐料。

P468（**第十九回**）　**接下来，西门庆问李瓶儿他和蒋竹山谁强。李瓶儿说西门庆和蒋竹山是天壤之别。**

原文："你是个天，他是块砖；你在三十三天之上，他在九十九地之下。"

译文："You are like the heavens，and he is nought but a piece of clay. It was such a man as you who set the tiles upon the palace of the Jade King in the thirty-third heaven，and he is fit only to dig coal for the King of Hell in the ninety-ninth abode beneath the earth."（*469*）

按：这段译文有意思的是，原文只说一个在三十三天之上，一个在九十九地之下，但译者给他们还安排了新角色，说西门庆“在三十三天玉皇大帝宫殿上安瓦”，蒋竹山“在九十九重阎罗地狱里挖煤”，表示地位悬殊的数字差别，还被赋予了工种的实际含义。

8. *P1008*（第四十二回）　**正月十四，西门庆让陈敬济到乔大户家给长姐送节。**

原文：“乔大户那边，酒宴管待，重加答贺。回盒中，又回了许多生活鞋脚，俱不必细说。”

译文：“Master Ch'iao received them well, and gave them presents of some value in return, particularly little things for the baby.”（*1009*）

按：“给孩子的小东西”（little things for the baby）原文并没有，是译者凭想象添加上去的。

八 人名、人称、数字等误译

1. *P180*（第七回） **西门庆新娶了孟玉楼。**

原文："到晚，一连在他房中歇了三夜。"

译文："For two nights he slept in her room."（*181*）

按："三夜"被译成"two nights"，很可能刻本模糊，译者没有分辨清"二"和"三"。这样的例子颇多。

2. *P210*（第九回） **武松回到清河，问王婆。**

原文："我哥哥如今埋在那里?"

译文："When was my brother buried?"（*211*）

按："那里"译成"When"（何时），显然应是失误造成的。

3. *P262*（第十一回） **花子虚家摆酒会茶，结束后西门庆送李桂姐回家。**

原文："晚夕就在李桂卿房里歇了一宿。"

译文："and spent the night with Cassia."（*263*）

按：据译者给小说人物取的英文名字，Cassia 指李桂姐，李桂卿为 Cinnamon。小说下一句接着说："紧着西门庆要梳笼这女子（指李桂姐），又被应伯爵、谢希大两个一力撺掇，就上了道儿。次日使小厮往家去，拿五十两银子，段铺内讨四件衣裳，要梳笼桂姐。”可知此前不可能在桂姐（Cassia）房里过夜。

4. *P264*（第十二回）

原文：“话说西门庆在院中贪恋桂姐姿色，约半月不曾来家。”

译文：“Hsi-mên Ch'ing was so delighted with Cassia's beauty that he stayed at the bawdy-house for several days.”（*265*）

按：“约半月”不等于“数日”，应译作“nearly half a month”。

5. *P352*（第十五回）　**正月十五李瓶儿生日。**

原文：“话说光阴迅速，又早到正月十五日。”

译文：“The days passed quickly. It was the birthday of the Lady of the Vase on the fifteenth of the eleventh month.”（*353*）

按：“正月”译成“十一月”，明显错了。而“It was the birthday of the Lady of the Vase on the fifteenth of the eleventh month”（十一月十五是李瓶儿生日），也与原文不符。

6. *P352*（第十五回）　**正月十五吴月娘等到狮子街李瓶儿新买的房子看。**

原文：“这房子门面四间。”

译文：“The house …had three rooms at the front.”（*353*）

按："四间"译成了"三间"。

7. *P366*（第十五回）　**三个穿青衣的圆社。**

原文："手里捧着一只烧鹅，提着两瓶老酒。"

译文："bringing two roast geese and a couple of jars of wine."（*367*）

按："一只"烧鹅译成了"两只"。

8. *P446*（第十九回）　**潘金莲与陈敬济私下纠缠。**

原文："却不想玉楼在玩花楼远远瞧见，叫道：'五姐……'"

译文："At that moment, the Moon Lady saw them from the steps. 'Fifth Sister…'"（*447*）

按：这里把"孟玉楼"错成了"吴月娘"，"玩花楼"错成了"台阶"。大概一前一后的"玉楼"和"玩花楼"，对译者造成了一定的干扰，使他对人名失去了敏感。

9. *P476*（第二十回）　**听说西门庆打了李瓶儿。**

原文："玉箫又问玉楼，玉楼便一一对他说。玉箫道：'三娘，真个教他脱了衣裳跪着，打了他五马鞭子来?'玉楼道：'你爹因他不跪，才打他。'玉箫道：'带着衣服打来?去了衣裳打来?亏他那莹白的皮肉儿上，怎么挨得!'玉楼笑道：'怪小狗肉儿，你倒替古人耽忧!'正说着，只见春梅拿着酒，小玉拿着方盒，径往李瓶儿那边去。金莲道：'贼小肉儿，不知怎的，听见干恁勾当儿，云端里老鼠——天生的耗。'"

译文："Flute of Jade wished to hear more, and Golden Lotus told her. 'Did Father really make her take off her clothes, and beat her?' the maid asked. 'He beat her,' Tower of Jade said, 'because she would not take them off.' 'Well,' the maid said, laughing, 'it is better to be beaten with them on than with them off. The bare skin is not too fond of punishment.' Plum Blossom brought the wine. Tiny Jade, with a square food box, came with her. They both went into the room. 'Look at those young rascals,' Golden Lotus cried. 'Why are they doing this? They are like rats flying in the skies. Take it in quickly.'"（477）

按：这段译文有四处问题。（1）原文明明说是"玉楼"，翻译时却错成了"金莲"。（2）孟玉楼解释李瓶儿被打是因为她不肯跪，翻译时成了她不脱衣服。（3）孟玉楼说玉箫的两句话漏译了。（4）潘金莲说春梅的歇后语没译对。"耗"谐音"号"，这里批评春梅是天生干猫头差事的那号人。

10. *P558*（**第二十三回**）　**宋蕙莲拿着西门庆给的银子买东西，让玳安凿银子。**

原文："妇人向腰里摸出半锭银子儿来，央及贲四替他凿，称七钱五分与他。那贲四正写着帐，丢下走来替他搥。只见玳安来，说道：'等我与嫂子凿。'一面接了银子在手，且不凿，只顾瞧这银子。妇人道：'贼猴儿不凿，只管端详甚么？你半夜没听见狗咬，是偷来的银子？'"

译文："She took a piece of silver from her purse and asked

Pên IV to weigh it for her. He was busy upon his accounts, but left them, weighed the silver, and was about to cut off the amount she wanted. Then Tai An came up. I will cut off the silver you want,' he said. He took the piece, but instead of cutting it, looked at Wistaria. 'Well,' she said, 'you thievish monkey! Why don't you cut it? Why stand there looking at me? Did you hear the dogs barking the night I stole the money?'"*(559)*

按：玳安是盯着银子看，并没看宋蕙莲。这里误会了。

11. *P568*（第二十四回） **宋蕙莲自从挂上西门庆，处处做张做智。**

原文："蕙莲抠起裙子来与玉楼看。看见他穿着两双红鞋在脚上，用纱绿线带儿扎着裤腿，一声儿也不言语。"

译文："When Orchid pulled up her skirt, Tower of Jade saw that she was indeed wearing two pairs of red shoes, bound to her ankles by green laces. She said no more."*（KPI 版，Vol. I，P335）*

P570（**第二十四回**）

原文："那春梅、玉箫并蕙莲，都前边瞧了一遍，又到临街楼上，推开窗看了一遍。"

译文："Plum Blossom, Flute of Jade and Orchid went upstairs to look out over the street."*（KPI 版，Vol. I，P336）*

按：以上两处把宋蕙莲（Wistaria）译成了西门大姐（Orchid）。"大中华文库"版《（汉英对照）金瓶梅》做了更正。

12. *P602*（第二十六回） **西门庆准备派来保和吴典恩上东京为盐商王四峰说情。**

原文："西门庆就把银两书信交付与来保和吴主管，三月念八日起身，往东京去了。"

译文："Hsi-mên gave the silver and the presents to Lai Pao and Clerk Fu, and, on the twenty-eighth day of the third month, they set out."（*603*）

按："吴主管"即吴典恩，是"十兄弟"中人。正是这次上京，让他得了清河驿丞之职，为后来忘恩负义逼平安攀陷吴月娘埋下了伏笔。但英文错成了"傅伙计"（Clerk Fu）。

P638（第二十七回） **西门庆烧化了宋蕙莲。**

原文："于是打包，还着来保同吴主管五月二十八日离清河县，上东京去了，不在话下。"

译文："He had them all packed up and Lai Pao and Clerk Fu left again for the Eastern Capital on the twenty-eighth day of the fifth month."（*639*）

按："吴主管"还是译成了"傅伙计"（Clerk Fu）。

13. *P612*（第二十六回） **夏提刑打了来旺以后。**

原文："来兴儿、钺安儿来家，回覆了西门庆话。"

译文："Lai An and Lai Hsing went home and gave Hsi-mên Ch'ing a full account of the affair."（*613*）

按："钺安儿"（Yue An）被错译成"来安儿"。

P620（第二十六回） **来旺儿被递解徐州后，宋蕙莲被瞒得**

牢牢的。碰见钺安儿，就向他打听来旺儿在监狱中怎么样。

原文："忽见钺安儿跟了西门庆马来家，叫住问他：'你旺哥在监中好么？几时出来？'钺安道：'嫂子，我告你知了罢，俺哥这早晚到流沙河了。'"

译文："One day, however, she caught Yue An as he was coming back from waiting upon his master, and said to him: 'How is your brother getting on in prison, and when is he coming out?' 'Sister,' Tai An said, 'I will tell you. By this time he has reached the River of Shifting Sand.'"

按：原文明明说是"钺安"，但中间突然错成了"玳安"。后面又恢复成了"钺安"。

P672（第二十八回）　**为送贺千户升了淮安提刑所掌刑正千户，西门庆封了尺头礼物。**

原文："西门庆差了钺安送去，厅上陪着敬济吃了饭。"

译文："When Hsi-mên had sent Tai An with the presents, he and Ching-chi dined together in the hall."（*673*）

按：这里又把"钺安"错成了"玳安"。

14. *P710*（第三十回）　**潘金莲让琴童打秋菊，正打着，被李瓶儿过来劝住。**

原文："李瓶儿道：'老冯领了个十五岁的丫头，后边二姐姐买了房里使唤，要七两五钱银子。请你过去瞧瞧。'"

译文："'Old mother P'an,' the Lady of the Vase said, 'has come with a maid about fifteen years old, and our second sister has bought her for seven taels to wait upon her. She would like you to go and see her. '"(711)

按："老冯"是李瓶儿原来使唤的婆子，也经常给人牵线说媒。"Old mother P'an"（潘妈妈）是潘金莲的母亲，应该译作"Old woman Feng"。

15. *P716*（第三十回）　**来保和吴主管准备回家，蔡太师安排西门庆做千户、吴主管做驿丞、来保做郓王府校尉。**

原文："又分付翟谦西厢房管待酒饭，讨十两银子与他二人做路费，不在话下。"

译文："Finally the Imperial Tutor instructed his Comptroller to entertain the two men with food and drink, and gave each of them ten taels of silver for travelling money."(717)

按：原文是总共给了十两银子，英文译成了每人十两银子（二十两）。

16. *P724*（第三十回）　**李瓶儿要生孩子，潘金莲非常嫉妒，对孟玉楼说了很多难听的话。**

原文："玉楼道：'五姐是甚么话！'以后见他说话不防头脑，只低着头弄裙带子，并不作声应答他。"

译文："'What are you saying, Fifth Sister?' said Tower of Jade. But Golden Lotus did not answer. She hung down her head and played with the ribbons on her skirt."(725)

按：低头弄裙子、不作声的是孟玉楼。这场对话主要是潘金莲在发泄不满，孟玉楼只是回应了一两声。结果英文的意思成了潘金莲低头弄裙子了。

17. *P746*（**第三十一回**）　**琴童藏壶后，被李瓶儿的丫鬟迎春送了回来。潘金莲借机挑拨，说琴童是李瓶儿的小厮，所以把壶拿到了李瓶儿房里。西门庆听了大怒，喝斥了她。潘金莲心下不悦。**

原文："金莲和孟玉楼站在一处，骂道：'恁不逢好死，三等九做贼强盗！这两日作死也怎的？自从养了这种子，恰似生了太子一般，见了俺每如同生刹神一般，越发通没句好话儿说了，行动就睁着两个毬窟窿喓喝人。谁不知姐姐有钱？明日惯的他每小厮丫头养汉做贼，把人合遍了，也休要管他！'"

译文："she stood and talked bitterly with Tower of Jade. 'They will come to a bad end,' she stormed. 'The place is full of rogues and thieves. Why, she might have been going to die the other day. Now that she has this baby, she gives herself such airs one would think she had given birth to a prince. She looks like the goddess of Good Fortune whenever she meets us. She is too grand to condescend even to speak to us. And when she moves about she opens her eyes as wide as two queynts and yells at everyone. We know she is rich. It seems to me she allows her boys and maids to carry on as they please, and if they rob all the rest of the household no one will hinder them.'"（747）

按：潘金莲生气是因为西门庆没有按她的意思审问琴童，而且当众喝斥了她，所以这段话她是骂西门庆的。译者误会成针对李瓶儿了。所谓像“生刹神”“行动就睁着两个毬窟窿喓喝人”，都是指上文西门庆喝斥她来说的。(——金莲道：“琴童儿是他家人，放壶他屋里，想必要瞒昧这把壶的意思。要叫我，使小厮如今叫将那奴才来，老实打着，问他个下落。不然，头里就赖着他那两个，正是走杀金刚坐杀佛！”西门庆听了，心中大怒，睁眼看着金莲说道：“依着你恁说起来，莫不李大姐他爱这把壶？既有了，丢开手就是了，只管乱甚么！”)

18. *P784*（第三十三回） **应伯爵告诉西门庆，有个湖州何官儿有五百两丝线，只要四百五十两银子，劝西门庆买了。西门庆委托他和来保去办交割。应伯爵只付了何官儿四百二十两，自己留了三十两。**

原文：“对着来保，当面只拿出九两用银来，二人均分了。”

译文：“He shared with Lai Pao the regular commission of five taels.”(*785*)

按：原文是分了“九两”银子，翻译成了“五两”(five taels)。

19. *P790*（第三十三回） **陈敬济被潘金莲拉到李瓶儿屋里喝了酒，把钥匙掉在了屋里，潘金莲给藏了。**

原文：“那敬济走到铺子里，袖内摸摸，不见钥匙，一直走到李瓶儿房里寻。金莲道：‘谁见你甚么钥匙！你管着甚么来？放在那里，就不知道？’”

译文："Ch'ên Ching-chi went back to the shop. He searched his sleeves and, of course, could not find the key. Finally he went back to Golden Lotus's room. 'Who's seen your old key?' she said. 'What are you thinking about, putting it somewhere and then forgetting where you put it?'"（*791*）

按：因为是在李瓶儿屋里吃酒掉的钥匙，所以陈敬济到了李瓶儿屋里来找。英文译文翻成到潘金莲屋里找了，人名张冠李戴。

20. *P812*（**第三十四回**）　**刘太监的弟弟刘百户拿皇木盖房，被夏提刑抓住，受了一百两银子，还要参奏。太监慌了，求西门庆。**

原文："到衙门里，只打了他家人刘三二十，就发落开了。"

译文："Liu III's servant was beaten forty stripes and that was the end of the matter."（*813*）

按：刘太监的弟弟是刘百户，刘三是刘百户的家人。译文说"刘三的仆人被打了四十下"（Liu III's servant was beaten forty stripes），既把对象搞错了，又把数字（原文说"二十"下）搞错了。应该译作："His servant Liu III was beaten twenty stripes and that was the end of the matter."

21. *P864*（**第三十五回**）　**贲四从庄子上回来，西门庆问他庄子上的工程进展。**

原文："贲四道：'前一层才盖瓦，后边卷棚昨日才打的基。还有两边厢房，与后一层住房的料，都没有。客位与卷棚漫地尺二方砖，还得五百，那旧的都使不得。砌墙的大城角也没了。垫地脚带山子上土，也添勾了百多车子。灰还得二十两银子的。’”

译文：“‘We are putting the tiles on the first storey,’ Pên IV said, ‘and yesterday we laid the foundations of the arbour. But we have not yet got the materials for the wings or for the back part of the living-rooms. We are having to wait another five days for the flooring tiles: we cannot use any of the old ones. And we are still without some of the materials we need for the walls. We have earth enough to fill up the foundations and the artificial mound. Then we need a hundred cart-loads of lime, and they will cost twenty taels of silver.’”(*865*)

按：差“五百”砖，错当成铺砖还要“五日”；“土”添了“百多车子”，错当成了“灰”还需一百多车。应改成：“We need another five hundreds of flooring tiles: we cannot use any of the old ones. … We have added a hundred cart-loads of earth to fill up the foundations and the artificial mound. Then we still need to spend twenty taels of silver for the lime.”

22. *P878*（第三十五回）　**应伯爵在西门庆家敲打了贲四，贲四害怕，给他送了三两银子。应伯爵收了银子，对他老婆说。**

原文：“贲四这狗啃的，我举保他一场，他得了买卖，扒自在碗儿，就不用着我了。”

译文：“It was I who introduced that son of a dog Pên IV to

Hsi-mên Ch'ing, and now he has his finger in every pie. And everything that comes in, he puts into his own bowl, and never thinks any more about it."(879)

按："狗啃的"译成了"狗娘养的"（that son of a dog），不对。芮效卫译作"that dog-bitten rascal Pen the Fouth"（*The Plum in the Golden Vase*，Vol. II，P343）。

23. *P930*（第三十八回） **来保和韩道国送韩爱姐回来，向西门庆汇报情况。从语气和人物称呼看，汇报的应该是来保。**

原文："迟了几日，来保、韩道国一行人东京回来，备将前事对西门庆说：'翟管家见了女子，甚是欢喜，说爹费心。留俺府里住了两日，讨了回书。送了爹一匹青马，封了韩伙计女儿五十两银子礼钱，又与了小的二十两盘缠。'"

译文："The days passed. Lai Pao, Han Tao-kuo and the others came back from the Eastern Capital and gave an account of their journey to Hsi-mên Ch'ing. 'Comptroller Chai,' Han Tao-kuo said, 'was very pleased with my daughter, and told us to thank you very much. We stayed a few days with him. Then he gave me a letter of thanks and sent you a black horse as a present. Clerk Han got fifty taels of silver, and I got twenty as journey money.'"(931)

按：以常理来说，来保是西门庆家人，负责向西门庆汇报的理应是他。另外，从言语中称"韩伙计"，也可证明说话的是来保。但英文却理解成是韩道国（Han Tao-kuo）在汇报，译者显然没把“Clerk Han”和“Han Tao-kuo”当成一个人。

24. *P986*（第四十回）　**西门庆给全家做衣服，别人都有衣服和袍子。**

原文：“孙雪娥只是两套，就没与他袍儿。”

译文：“There was no cloak for Beauty of the Snow, and only one dress.”（*987*）

按：原文是“两套”，译成了“one dress”。

25. *P1016*（第四十二回）　**正月十五西门庆在狮子街楼上看灯吃酒，李铭、吴惠听说后，主动上楼来磕头。**

原文：“西门庆道：‘也罢，你起来伺候。玳安，快往对门请你韩大叔去。’”

译文：“‘Excellent!’ Po-chüeh said. ‘Stand up.’ Then he said to Tai An: ‘Go and ask your Uncle Han to come.’”（*1017*）

按：译文把西门庆错当成了应伯爵。

26. *P1172*（第四十九回）　**蔡御史的诗。**

原文：“雨过书童开药圃。”

译文：“The rain is over. Shu T’ung is tending the sweet-smelling herbs.”（*1173*）

按：“书童”不是人名。大概因《金瓶梅》中西门庆的家童多叫“×童”，让译者产生了惯性思维。

27. *P1304*（第五十四回） **应伯爵邀请西门庆、常峙节到郊外游春。**

原文："三人又吃了数杯，伯爵送上令盆，斟一大钟酒，要西门庆行令。……西门庆道：'我要一个风花雪月，第一是我，第二是常二哥，第三是主人，第四是钏姐。但说的出来，只吃这一杯；若说不出，罚一杯，还要讲十个笑话。'"

译文："They drank their wine, and Po-chüeh, taking a large cup, suggested that they should play the game of giving orders. Hsi-mên was not anxious to begin, but Po-chüeh pressed him, and at last he agreed. 'I will take the words Wind, Flower, Snow and Moon. I will begin; Brother Ch'ang shall be next; then our host, and, lastly, Golden Bracelet. Each must make a verse and bring into it one of my four words. When he begins, he must drink a cup; and, if he fails, he must drink a second cup and tell a story.'"（*1305*）

按："十个笑话"被译成了"一个故事"。

28. *P1360*（第五十七回） **介绍"万回长老"。**

原文："果然道德高妙，神通广大，曾在后赵皇帝石虎跟前，吞下两升铁针。"

译文："He was a man of outstanding virtue and performed a number of striking miracles. Once he swallowed two pints of needles before the stone tiger of the Emperor Chao."（*1361*）

按："后赵皇帝石虎"，被译成了"赵皇帝的石老虎"（the

stone tiger of the Emperor Chao)。译者不知道“石虎”是人名。

29. *P1656*（第六十七回） **黄四的小舅子孙文相和冯二的儿子冯淮打架，冯淮得破伤风死了，他丈人白五——白千金把孙文相和父亲孙清告到巡按衙门。黄四向西门庆求情。**

原文：“他儿子就和俺小舅子孙文相厮打起来，把孙文相牙打落了一个，他亦把头磕伤，被客伙中解劝开了。不想他儿子到家，迟了半月，破伤风身死。”

译文：“Then the young man made trouble with my wife's brother, Sun Wên, and there was a fight. He knocked out one of my brother-in-law's teeth, but not before he had taken a hard knock on the head. Bystanders stopped the fight and Fêng's son went home, but something went wrong, and he died about a fortnight later.”（*1657*）

按：(1)“孙文相”被译成了“Sun Wên”。但是到第六十八回，又成了“Sun Wên-hsiang”(1691)，前后不一致。(2)“破伤风”英文是“tetanus”，这里没有译出来，只说“出了点问题”。

30. *P1902*（第七十五回） **西门庆与如意儿私会，如意儿替迎春要李瓶儿戴过的金赤虎。**

原文：“又道：‘我有句话对爹说：迎春姐有件正面戴的仙子儿要与我，他要问爹讨娘家常戴的金赤虎，正月里戴，爹与了他罢。’”

译文：“Then she said: ‘Welcome Spring is going to give me

one of her ornaments. I wish you would give me the golden tiger which belonged to my dead lady. It is something to be worn in the new year, and I would like her to have it. '"(*1903*)

按：人称上的"他"（她）被译成了"我"（I，me），但后边又成了"让她得到"（would like her to have it）。前后出现了矛盾。

P1904（**第七十五回**）　**西门庆和如意儿论年龄。**

原文："西门庆道：'我原来还大你一岁。'"

译文："'A year older than I am,' he said."（*1905*）

按：应该译为"A year younger than I am"。

31. *P1920*（**第七十五回**）　**西门庆回家，吴月娘向他讲了春梅辱骂申二姐的事。**

原文："玉箫道：'申二姐盒子还在这里，没拿去哩。'月娘见西门庆笑，便说道：'不说叫将来嗔喝他两句，亏你还雌着嘴儿，不知笑的是甚么。'"

译文："'Miss Shên's box is still here. She didn't take it away,' the Moon Lady said. She saw that Hsi-mên Ch'ing was laughing. 'There you are, laughing, instead of sending for the maid and giving her a scolding. I don't see anything to laugh at.'"（*1921*）

按："玉箫"（Flute of Jade）错译成了"the Moon Lady"。"She"才应改为"the Moon Lady"。

32. *P1928*（第七十五回）　**吴月娘听说春梅辱骂了申二姐，甚是不悦。当晚没让西门庆去潘金莲房里，而去陪了生病的孟玉楼。潘金莲一气之下，第二天一早把母亲潘妈妈打发回家。吴月娘等起来，同大妗子、李娇儿、孟玉楼、大姐等准备吃早饭。**

原文："叫小玉往前边，请潘姥姥和五娘来吃点心。玉箫道：'小玉在后边蒸点心哩，我去请罢。'"

译文："The Moon Lady told Flute of Jade to go for Golden Lotus and old woman P'an. Flute of Jade said: 'Tiny Jade is seeing about the pies. I will go myself.'"（*1929*）

按：吴月娘指派的是"小玉"（Tiny Jade），而不是玉箫（Flute of Jade），但因为小玉在蒸点心，所以玉箫去了。译文把人物弄乱了。

P1930（第七十五回）　**接下来，玉箫到潘金莲住处，发现潘姥姥已经走了。**

原文："玉箫道：'我拿了块腊肉儿、四个甜酱瓜茄子与他老人家，谁知他就去了。五娘，你替他老人家收着罢。'于是递与秋菊，放在抽替内。"

译文："'But I have a piece of dried meat and four preserved melons for her. I never dreamed she would go. You keep them for her.' The maid gave the food to Golden Lotus, who put it in a drawer."（*1931*）

按：玉箫把带来的东西交给了丫鬟秋菊，英文翻译成给了潘金莲。

33. *P1960*（第七十六回）　**西门庆送走侯巡抚、宋御史等众官，请吴大舅、温秀才、应伯爵、傅伙计、甘伙计等来听唱。**

原文："抬出梅花来，放在两边桌上，赏梅饮酒。"

译文："Then he sent for Plum Blossom to decorate the hall, that he might enjoy the beauty of the flowers while he was drinking."（*1961*）

按：这"梅花"是七十二回(1840)安老爹送的，译者莫名其妙地来了句"派人叫庞春梅来装饰大厅，让他赏花喝酒"（译文的意思）。显然把"梅花"误当成"春梅"了。

34. *P1964*（第七十六回）

原文："到次日，腊月初一日，早往衙门中同何千户发牌升厅画卯，发放公文。"

译文："The next day was the eleventh of the twelfth month. Hsi-mên Ch'ing went early to the office and, with Captain Ho, busied himself with official papers."（*1965*）

按："初一"译成了"十一"。

35. *P2020*（第七十七回）

原文："西门庆陪崔本吃了饭，兑了五十两银子做车税钱，又写书与钱主事，烦他青目。"

译文："He gave Ts'ui Pên something to eat and five taels of silver to pay the duty and freight. He also gave him a letter to the officer at the wharf, asking him to be lenient."（*2021*）

按："五十两银子"一经翻译就成了"五两银子"（five taels

of silver)。从情理上说，五两根本也不够。

36. *P2084*（第七十九回） **西门庆私会王六儿，碰到李瓶儿的老仆冯婆子。**

原文："老冯婆子又走来与西门庆磕头。西门庆与了他约三、四钱一块银子，说道：'从你娘没了，就不往我那里走走去。'妇人道：'没他的主儿，那里着落？倒常时来我这里，和我做伴儿。'"

译文："old woman Fêng came and kotowed to Hsi-mên Ch'ing. He gave her a piece of silver worth about three or four ch'iens. 'You have not been to my place since your mistress died,' he said. 'Where should I go now that she is dead?" the old woman said. "But I often come here to talk to this lady.'"（*2085*）

按："妇人"指王六儿，从语气上看，也不是冯婆子的口气。但译者把它译成了冯婆子的话，而且无视原文里的"他"和"我"字，把"没他的主儿"译成了"她已经没了"(now that she is dead)，把"和我作伴儿"译成了"和这位夫人聊天"(to talk to this lady)。最后这几句应改为："'Where should she go now that her mistress is dead?' Porphyry said. 'But she often come here to talk to me.'"

37. *P2154*（第八十一回） **来保和韩道国从扬州回来，韩道国拐了银子跑了。来保依仗自己做买卖有经验，拿话压陈敬济，要他低价出货。**

原文："来保便说：'姐夫，你不知买卖甘苦。俺在江湖上走的多，晓的行情，宁可卖了悔，休要悔了卖。这货来家得此价钱就勾了，你十分把弓儿拽满，迸了主儿，显的不会做生意。我不是托大说话，你年少不知事体。我莫不肐膊往外撇？不如卖吊了，是一场事。’”

译文：“‘Your son-in-law is not sufficiently experienced,’ Lai Pao said to the Moon Lady. ‘I have been doing this sort of thing for years and I know all there is to know about it. In business, the principle is: sell first and be sorry later. Don't let us be sorry first, and sell afterwards. The stuff is here and, if we can do even moderately well out of it, we ought to be content. If the price is set too high, so that customers won't make a deal, that is not good business. You must forgive me, but you are young and don't understand business. Don't think for a moment that I am ready to yield the advantage to others. I'm not; I simply want to sell the stuff and get it out of the way.’”（*2155*）

按：来保这话是对陈敬济说的，译者错当成对吴月娘说的。所以把“姐夫”（Brother），译成了“女婿”（son-in-law），为了逻辑上顺溜，又加了个“Your”。

38. *P2172*（**第八十二回**）　**头伏的晚上，春梅拔了凤仙花要给潘金莲染指甲，当夜又约了陈敬济来私会。**

原文：“这妇人在房中，比及洗了香肌，修了足甲，也有好一回，只见春梅拔了几颗凤仙花来，整叫秋菊捣了半日。妇人又与了他几钟酒吃，打发他厨下先睡了。妇人灯光下染了十指春葱，令春梅拿凳子放在天井内，铺着凉簟衾枕纳凉。”

译文：“Plum Blossom went out to do her bidding and, while she was away, the woman bathed her fragrant body. At last the maid returned with the flowers and told Chrysanthemum what to do with them. Golden Lotus gave Plum Blossom a few cups of wine and told her to sleep that night in the kitchen. Then, by the light of the candles, she stained her delicate fingers, while the maid, at her direction, took a bench into the courtyard, with a mattress and some pillows.”（*2173*）

按：潘金莲既然让庞春梅去约陈敬济，就不会防着她，也用不着把她灌醉。其实她是从来不回避春梅的，她要防的是秋菊，接下来的故事说明，坏事的正是秋菊。但英文错译成“给春梅吃了几钟酒，打发他厨下先睡了”（gave Plum Blossom a few cups of wine and told her to sleep that night in the kitchen）。译文第四句用“the maid”指代春梅，但在春梅喝了酒被打发到厨下睡觉后，又出现了个“the maid”，这次似乎又是指秋菊了，指称显得非常混乱。

39. *P2176*（**第八十二回**）　**陈敬济替潘金莲葬了潘姥姥回来，给她回话。**

原文：“还剩了二两六、七钱银子，交付与你妹子收了，盘缠度日。”

译文：“There is still about a tael left, and I gave it to your sister.”（*2177*）

按：“二两六、七钱”，译成英文就成了“一两”（a tael）。

40. *P2272*（第八十七回）

原文："那武松紧着心中不自在，那婆子不知好歹，又徯落他。"

译文："Wu Sung grew impatient. Golden Lotus joked with him."（*2273*）

按："婆子"指王婆（Old woman Wang），译作"Golden Lotus"（潘金莲）是错的。应改为："Old woman Wang didn't find，still joked with him."

41. *P2350*（第九十一回）　**陈敬济听说孙雪娥出逃被春梅买作奴婢，便让薛嫂向吴月娘索要他家寄存的所谓财物，吴月娘只得打发大姐回到了陈家。陈敬济又要丫鬟元宵，吴月娘想留她看孝哥，要给中秋儿，陈不要。**

原文："他娘张氏便向玳安说：'哥哥，你到家拜上你大娘，你家姐儿们多，也不稀罕这个使女看守哥儿。既是与了大姐房里好一向，你姐夫已是收用过他了，你大娘只顾留怎的？'"

译文："At last Ching-chi's mother said to Tai An: 'Brother, go and tell your mistress that she has several maids. Why does she insist on keeping that particular one to look after her baby? And I don't see why she should keep Autumn either, since Autumn was my daughter-in-law's maid and was made a woman by my son.'"（*2351*）

按："这个使女"其实是指丫鬟"元宵"（P2351 译作"Feast of Lanterns"），译者当成了"中秋儿"（Autumn）。

42. *P2350*（第九十一回）　**李衙内在郊外看上了孟玉楼。**

原文："至是衙内谋之于廊吏何不韦……"

译文："Then he talked over the situation with one of the officers called Ho Pu-Yü."（*2351*）

P2360（第九十一回）　**李知县衙门的典史何不韦——谐音"何不为"。**

原文："这李衙内见亲事已成，喜不自胜，即唤廊吏何不韦来商议，对父亲李知县说了。"

译文："Li was very pleased that his marriage was now so far advanced. He consulted with Ho Pu-wei and then told his father."（*2361*）

按："何不韦"的名字前后两次译法不同，第一次为"Ho Pu-Yü"，第二次为"Ho Pu-wei"。

43. *P2544*（第九十九回）　**刘二打了王六儿以后。**

原文："一日，敬济来到河下酒店内，见了爱姐母子，说：'外日吃惊。'又问陆主管道：'刘二那厮可曾走动？'陆主管道：'自从那日去了，再不曾来。'"

译文："One day, Ching-chi went again to the wine-house. He saw the mother and daughter, and they talked about the quarrel. 'Has Liu II been here again?' Ching-chi asked. 'No,' Porphyry said, 'not since that day.'"（*2545*）

按：原文里，与陈敬济问答的是"陆主管"（Lu Ping-i），但译者翻成了"王六儿"（Porphyry）。

九　诗词翻译

1. 开篇诗词

总共有开篇诗 51 首（翻译了 27 首），开篇词 49 首（翻译了 20 首）。总计开篇诗词 100 首，翻译了 47 首。

其中第四十六回的开篇词没有译，而是把文中的一篇韵文翻译了放在卷首作开篇诗。

开篇词为《浪淘沙》："小市东门欲雪天，众中依约见神仙。蕊黄香细帖金蝉。饮散黄昏人草草，醉容无语立门前。马嘶尘哄一街烟。"（1080）

卷首英文诗为：Gongs and drums beat everywhere / In every house there is the sound of pipes and strings. People go singing through the streets in bands / Young men and women play sweet melodies of the dance. A mount of paper with gay coloured streamers / Towers into the blue sky. Incense from the royal palace rings its way heavenward over the assembled people / The precious moon sheds its soft brilliance within the courtyard and without. Everywhere the scene is lovely. This is the most glorious festival of the year / When we celebrate the first full moon.（1081）

这段英文其实是本回描写元宵盛况的一段韵文的英译，原文为："户户鸣锣击鼓，家家品竹弹丝。游人队队踏歌来，士女翩翩垂舞调。鳌山结彩，巍峨百尺矗晴云；凤禁缛香，缥缈千层笼绮队。闲廷内外，溶溶宝月光辉；画阁高低，灿灿花灯照耀。三市六街人闹热，凤城佳节赏元宵。"（1084）

2. 篇尾诗

篇尾诗共 43 首（翻译了 4 首），词 1 首（未翻译）。

十 精彩之处

1. 摇席破座

P32（第一回） **因卓二姐生病，西门庆要提前离席，对大家说。**

原文："不是我摇席破座，委的我第三个小妾十分病重，咱先去休。"

译文："I don't wish to disturb the party, or to be the cause of its breaking up ..."*(33)*

按：对"摇席破座"的理解很准确。

2. 装幌子

P62（第二回） **武松因反感潘金莲的勾引，要从武大家搬出，武大问其缘故。**

原文："武松道：'哥哥不要问，说起来装你的幌子，只由我自去便了。'"

译文："'Ask no questions,' Wu Sung answered. 'If I tell the truth, your good name will be ruined. Let me go.'"*(63)*

按：这里对"装幌子"理解很准。

3. 笑吟吟脸儿

P72（第二回）　**西门庆被竿子砸头，抬头看见潘金莲。**

原文："那人见了，先自酥了半边，那怒气早已钻入爪洼国去了，变做笑吟吟脸儿。"

译文："No sooner had the man set eyes upon all this beauty than he became almost beside himself with desire. His anger sped to Java and his face was quickly wreathed in smiles."（*75*）

按：最后一句非常传神。

4. 梅/媒

P78（第二回）　**西门庆见了潘金莲，魂不守舍。**

原文："约莫未及两个时辰，又踅将来王婆门首帘边坐的，朝着武大门前。半歇，王婆出来道：'大官人，吃个梅汤？'西门庆道：'最好。多加些酸味儿。'王婆做了个梅汤，双手递与西门庆吃了。将盏子放下，西门庆道：'干娘，你这梅汤做得好，有多少在屋里？'王婆笑道：'老身做了一世媒，那讨得个在屋里！'西门庆笑道：'我问你这梅汤，你却说做媒，差了多少！'王婆道：'老身只听得大官人问这媒做得好。'"

译文："…'May I offer you some damson broth, Sir?' said old woman Wang, when she came out. 'I should like some very much,' His-mên said, 'but let it be a little sour, if you don't mind.' The old woman Wang made the broth, and offered it to him with both hands. When he had finished it, he put down the cup. 'You make excellent damson broth, Stepmother,' he said. 'Have you got many damsons in your room there?' 'I have dealt in damsons all my life,' the old woman said, 'but I never keep them in my room.' 'I was talking about damsons, not damsels,' said His-mên. 'You are getting a little mixed.' 'It was damsels you are thing about, none the less,' the old lady retorted."(79)

按："damson"/"damsel"音近，前者指西洋李子（西梅），后者指未婚少女（是旧时的用法）。作者用这两个谐音来对应汉语的双关语（梅/媒），比较巧妙。不过，"I have dealt in damsons all my life."中的"damson"要是换成"damsel"，就更贴近原文了。

这两个词的选择，也被芮效卫沿用了。*The Plum in the Golden Vase*（Vol. I，P55）："In a little while Dame Wang came out and said，'How about a damson punch，sir?' 'That would be great，' said His-men Ch'ing. 'Make it good and sour.' Dame Wang prepared an order of damson punch and served it to him with both hands. When he had finished drinking it His-men Ch'ing put the cup down and said，'Mother，you really know how to fix a damson. How many more have you got in the house?' Dame Wang laughed. 'I've been fixing up damsels all my life，but what would I want with one for myself?' 'It was damsons I asked about，' said His-men Ch'ing，laughing in turn，'but you're talking about damsels. There's quite a difference between the two.' 'All I heard，sir，was something about fixing damsels，' said Dame

Wang, 'so I thought you were talking about the way I fix them up.' "

5. *P110*（第四回） **西门庆来到王婆茶馆，王婆要出去买酒，让潘金莲陪坐。**

原文："妇人口里说'不用了'，坐着却不动身。"

译文："With her lips Golden Lotus said she did not wish to drink, but her body told another story." (*111*)

按：这两句非常生动传神。

6. *P248*（第十一回） **潘金莲激打孙雪娥。**

原文："次日，也是合当有事。"

译文："The next morning it soon became apparent that troubles was brewing." (*249*)

按：这句译得好。

7. *P1700*（第六十八回） **西门庆等在郑爱月儿家喝酒，几个青衣圆社的人想表演，让玳安通报。**

原文："被西门庆喝了一声，諕的众人一溜烟走了。"

译文："Tai An went softly and told Hsi-mên Ch'ing, but the only response was a growl, and the men went off as fast as their legs would carry them." (*1701*)

按：译文生动。

8. 献世包

P2052（**第七十八回**）　**潘金莲骂她母亲。**

原文："料他家也没少你这个穷亲戚，休要做打嘴的献世包！"

译文："I'm sure nobody in this house is dying to see you, so you needn't make an exhibition of yourself."（*2053*）

按："献世包"译作"make an exhibition of yourself"，很准确。

十一　其他问题

1. 过渡性的提示语原则上可以不译，有时候直译、译实了反而成了蛇足，还可能出现原文没有的意思。多数情况下，这类文字都被删去了。如： P56“话休絮烦”， P272“按下众人簇拥着西门庆饮酒不题”。

P130（**第五回**）　**写潘金莲与西门庆勾搭成奸以后，郓哥与他定计捉奸，当日武大回来。**

原文：“那妇人便安排晚饭与他吃了。当晚无话。次日饭后，武大只做三两扇炊饼，安在担儿上。”

译文：“She laid out his supper, but still he did not offer to speak, and next morning, after breakfast, he made only two or three trays of cakes, and put them in his baskets.”（*131*）

按：把“当夜无话”实译为“他仍是不说话”（but still he did not offer to speak），味道完全变了。

P132（**第五回**）　**武大被打以后。**

原文：（王婆和潘金莲）“两个上下肩搀着，便从后门归到家中楼上去，安排他床上睡了。当夜无话。”

译文：“each holding him by one arm, they took him home by

the back way and put him to bed."（*133*）

按：同样是时间过渡的提示语，这里就把“当夜无话”省略掉了。

P160（第七回） **薛嫂与西门庆当日约好，第二天去见孟玉楼的婆家姑姑杨姑娘。**

原文：“一宿晚景不题。”

译文：省略未译。（*161*）

按：这类表示时间转换和叙事转换的过渡语，克莱门特大多数都没译。但芮效卫努力翻译了这类文字：“Of the events of that evening there is no more to tell."（*The Plum in the Golden Vase*, Vol. I，P128）

2. 有些地方，译者可能嫌原文叙述重复，做了简化处理。

P216（第九回） **武松找到郓哥，打听武大被打的经过。**

原文：“于是把卖梨儿寻西门庆，后被王婆怎地打他，不放进去，又怎地帮扶武大捉奸，西门庆怎的踢中了武大，心疼了几日，不知怎的死了，从头至尾细说一遍。”

译文：“Then he told the whole story from beginning to end."（*217*）

按：译文把原著中详细的复述用一句话带过了。

P428（第十八回） **西门庆路遇冯妈妈，听说李瓶儿嫁人了，非常吃惊。**

原文：“冯妈妈悉把半夜三更，妇人被狐狸缠着染病，看看至死；怎的请了蒋竹山来看，吃了他的药，怎的好了；某日怎的倒踏门招进来，成其夫妇……”

译文：“Old woman Fêng told him the whole story. ”（*429*）

按：译者为了避免重复，一笔带过了许多内容。但从翻译的角度看，对原作则有些不够忠实。

P508（第二十一回）　**西门庆在李桂姐家喝酒，李桂姐在后边房里偷陪一个蛮子，老鸨却推说她不在家。西门庆发现后砸了妓院回家。潘金莲次日问玳安发怒的缘故。**

原文：“玳安悉把‘**在常家会茶散的早，邀应二爹和谢爹同到李家。他搗子回说不在家，往五姨妈家做生日去了。不想落后爹净手，到后边亲看见粉头和一个蛮子吃酒。**爹就恼了，……’”

译文：“Tai An told them the whole story. ‘Father got very angry,’ he said. …”（*509*）

按：译者省去了原文加粗的文字，显然是为了避免啰嗦。

P1928（第七十五回）　**吴月娘等去应伯爵家吃满月酒，庞春梅骂了申二姐。吴月娘回来，晚上才听说这件事。**

原文：“单表吴月娘在上房陪着大妗子、三位师父，晚夕坐的说话。**因说起春梅怎的骂申二姐，骂的哭涕，又不容他坐轿子去，旋央及大妗子，对过叫画童儿送他往韩道国家去。**大妗子道：‘本等春梅出来的言语粗鲁，饶我那等说着，还刀截的言语骂出来，他怎的不急了！他平昔不晓的恁口泼骂人，我只说他吃了酒。’”

译文：“The Moon Lady was talking to Aunt Wu and the nuns. By degrees they came to the subject of Plum Blossom and Miss Shên, and the whole story came out. ‘Plum Blossom was really very rude,' Aunt Wu said. 'She insulted Miss Shên in words that cut like knives. I was obliged to interfere. It was not surprising that Miss Shên was angry. I would never have believed that Plum Blossom could curse people like that. I'm sure she must have been drinking.'"（*1929*）

按：英文省略了原文加粗的文字，对过程的翻译更显紧凑，避免了重复啰嗦。

P898（**第三十七回**）　**西门庆托冯妈妈替翟管家物色好了韩道国的女儿韩爱姐，西门庆准备过去看看。**

原文："冯妈妈道：'爷哧，你老人家上门儿怪人家，虽不稀罕他的，也略坐坐儿。伙计家莫不空教你老人家来了。'**西门庆道：'你就不是了。你不知，我有事。'冯妈妈道：'既是恁的，等我和他说。'** 一面先到韩道国家，对他浑家王六儿将西门庆的话一五一十说了一遍：**'明日他衙门中散了，就过来相看。教你一些儿休预备，他只吃一钟茶，看了就起身。'** 王六儿道：'真个？妈妈子休要说谎。'"

译文："'Oh dear,' the old woman cried, 'it is not very often you condescend to go and see anyone. You may not want anything, but you must not rush away. He is one of your people; he can't allow you to go away with an empty stomach.' Hsi-mên Ch'ing explained that he was very busy, and the old woman went off to tell Porphyry, Han Tao-kuo's wife, all that he had said. 'Don't tell stories,' Porphyry said."（*901*）

按：原文中加粗的对话，译文改成了叙述，而且大大简化了。

P1140（**第四十八回**）

原文："清明日上坟，要更换锦衣牌匾，宰猪羊，定桌面。三月初六日清明，预先发柬请了许多人，搬运了东西酒米下饭菜蔬。叫的乐工、杂耍、扮戏的。**小优儿是李铭、吴惠、王柱、郑奉；唱的是李桂姐、吴银儿、韩玉钏、董娇儿。官客请了张团练、乔大户、吴大舅、吴二舅、花大舅、沈姨夫、应伯爵、谢希大、傅伙计、韩道国、云理守、贲第传并女婿陈敬济等，约二十余人。堂客请了张团练娘子、张亲家母、乔大户娘子、朱台官娘子、尚举人娘子、吴大妗子、二妗子、杨姑娘、潘姥姥、花大妗子、吴大姨、孟大姨、吴舜臣媳妇郑三姐、崔本妻段大姐，并家中吴月娘、李娇儿、孟玉楼、潘金莲、李瓶儿、孙雪娥、西门大姐、春梅、迎春、玉箫、兰香、奶子如意儿抱着官哥儿，** 里外也有二十四五顶轿子。"

译文："At the Festival of the Dead he proposed to visit the grave and change the tablet. He prepared pigs and sheep and food. The festival was on the sixth day of the third month. He sent out many invitations and arranged for a number of people to take the things out to the tomb—wine, rice, vegetables and so forth. He engaged musicians and actors, and arranged for several singing-girls to be present. He invited a great number of guests, both men and women. Plum Blossom, Welcome Spring, Flute of jade and Fragrance were to be there also. Twenty-four or more sedan-chairs would be needed."（*1141*）

按：原文加粗的部分，被用"He invited a great number of

guests, both men and women. Plum Blossom, Welcome Spring, Flute of jade and Fragrance were to be there also"两句一带而过了。

3. 不顾原文随意处理译文。

P742（**第三十回**）

原文："迎春从上边拿下一盘子烧鹅肉、一碟玉米面玫瑰果馅蒸饼儿与奶子吃。"

译文："Welcome Spring came from the hall bringing a plate of hot goose and cakes made of rice flower and almonds for the nurse. "（*743*）

按："玉米面玫瑰果馅蒸饼儿"被译成了"米花杏仁饼"（cakes made of rice flower and almonds）。按理这个不难理解，应该翻译成"steamed corn-flour cakes with rose stuff"。

4. 随意处理，忽视了场面。

P1290（**第五十三回**）　**黄、安两主事来访，西门庆陪着聊天。**

原文："黄、安二主事一齐下轿，进门厮见毕，三人坐下，一面捧出茶来吃了。……笑了一番，又吃过三杯茶，说些闲话，作别去了。"

译文："An and Huang got out of their chairs and greeted Hsi-mên Ch'ing. They came in, and the servants brought tea. …They laughed, drank three cups of wine, then talked for a while and took their leave. "（*1291*）

按："吃茶"是一般的待客之理，"吃酒"则是更为隆重的礼节。前面明明说捧了茶出来，后面突然却译成了酒。

5. 回避难点，故弄玄虚。

P1436（第五十九回） **官哥病情严重，乔大户家每天派人来问候，并推举了一个看小儿病的鲍太医。**

原文："又举荐了一个看小儿的鲍太医来看，说道：'这个变成天吊客忤，治不得了。'"

译文："They recommended a certain Dr. Pao of the Imperial College of Medicine, who was a specialist in children's diseases. When he came he called the illness by a long name and said that it was hopeless."（*1437*）

按：因为"这个变成天吊、客忤"译者不知怎么翻译，干脆说"他用个长名字称呼了这个病"（he called the illness by a long name）。其实"天吊"、"客忤"是两种病，"天吊"是小儿抽搐，"客忤"是陌生人带来的病毒或细菌感染。

6. 强加已意，增添程度描述。

P1940（第七十五回） **吴月娘与潘金莲吵架后，西门庆回来听说了，因吴月娘有身孕，赶紧过来宽慰她。**

原文："西门庆不听便罢，听的说，越发慌了，一面把月娘抱在怀里，说道：'我的好姐姐，你别要和那小淫妇儿一般见识，他识甚么高低香臭？没的气了你，倒值了多的。我往前边骂这贼小淫妇儿去。'"

译文："Hsi-mên Ch'ing was terribly excited. He put his arms round the Moon Lady. 'Good Sister,' he said, 'don't worry about that little whore. She doesn't know the difference between high and low, what is sweet and what is sour. Don't be angry. You are worth more to me than all the others put together. I will go and beat her.'"*(1941)*

按：原文说"骂这小淫妇儿去"，从口气里可看出西门庆的敷衍和安慰，译者可能觉得"骂"字不能消弭吴月娘的愤怒，改成了"打"（beat）。

7. 个别段落与原文完全对不上，不是翻译，似乎是译者的创作。

P2132（**第八十回**）

原文："到二月初三日，西门庆二七，玉皇庙吴道官、十六众道士，在家念经做法事。那日衙门中何千户作创，约会了刘、薛二内相、周守备、荆统制、张团练、云指挥等数员武官，合着上了坛祭。月娘这里请了乔大户、吴大舅、应伯爵来陪侍，李铭、吴惠两个小优儿弹唱，卷棚管待去了。俱不必细说。到晚夕，念经送亡。月娘分付把李瓶儿灵床连影抬出去，一把火烧了。将箱笼都搬到上房内堆放。奶子如意儿并迎春收在后边答应，把绣春与了李娇儿房内使唤。将李瓶儿那边房门，一把锁锁了。"

译文："The next day was the third of the second month, the second week's mind for Hsi-mên Ch'ing. Sixteen monks came from the temple of the Jade King. Captain Ho invited the two eunuchs,

Liu and Hsüeh, Major Chou, General Ching, Captain Chang, Yün Li-shou, and other military officers, to go with him and offer food and a panegyric to their dead colleague. There was nobody to stop them and, dressed up like a lot of monkeys, they burned incense and kotowed. Ch'ên Ching-chi made a reverence to them in return. They were entertained and then went away. The Moon Lady knew only too well that, of all the people who knew Hsi-mên Ch'ing, officers, friends, and servants alike, there were very few who were not seeking their own ends. She could trust none of them. But she believed Shu T'ung to be honest and reliable, and appointed him to attend upon Picture of Grace, giving him the keys of the Sixth Lady's rooms."(*2133*)

按：原文加粗的部分，与英文完全对不上，显然不是照着翻译的。从版本的角度看，崇祯本与词话本的这段文字基本相同（除个别文字有增减），不存在版本错乱的问题。英文后半段的意思是："没人出来阻拦，他们打扮得像一伙猴子，焚了香磕了头。陈敬济回了礼。酒足饭饱后就走了。吴月娘心里最清楚，所有认识西门庆的人，不论官员、朋友还是奴仆，没人不在考虑自己的后路。她谁也信不过。但她相信书童比较老实可靠，就派他去照顾孙雪娥，并把李瓶儿房里的钥匙交给了他。"（从"There was nobody to stop them and, dressed up like a lot of monkeys"句开始）